RELIGION SAINT-SIMONIENNE.

RÉUNION GÉNÉRALE

DE LA FAMILLE.

SÉANCE DU SAMEDI 19 NOVEMBRE.

NOTRE PÈRE ENFANTIN A DIT :

CHERS ENFANS,

Je vous ai tous vus séparément dans les réunions des différens degrés : mais je veux vous parler aujourd'hui à tous, assemblés en famille.

Je vous ai déjà annoncé que, pour passer de l'état où nous nous trouvons depuis deux ans que la hiérarchie est fondée, à une constitution, à une organisation définitive, nous avions une phase d'autorité incomplète et d'obéissance incomplète à parcourir. Je vous ai dit même qu'au premier abord, dans les premiers jours, cette imperfection se manifesterait sous la forme d'*anarchie*. Je vous ai prévenus que tout homme ou toute femme qui se sentait rallié à la doctrine par l'œuvre accomplie jusqu'à ce jour, devait, en présence de l'annonce d'anarchie que je faisais, se sentir plus fort que jamais pour y résister.

L'autorité sous laquelle vous avez vécu jusqu'à présent a été despotique; nous vous avons maintenus sous nos lois, *agglomérés* plutôt qu'*associés*, et vous seriez bientôt *divisés*, *séparés*, si vous ne sentiez pas, dès aujourd'hui, ce que je vais vous dire.

Nous avons déjà beaucoup fait, et nos œuvres sont de nature à nous donner quelque foi dans notre puissance: nous avons beaucoup fait; mais tout en invoquant le témoignage de ce qui a été fait, sachez bien aujourd'hui où est la force: la force est dans CE QUI EST; la force n'est pas dans CE QUI FUT; elle est présente, vivante, elle est devant vous.

J'ai besoin de vous remettre sous les yeux les actes accomplis depuis trois ans surtout, pour vous donner l'entière intelligence de la position actuelle.

Lorsque nous avons fondé la hiérarchie, j'avais *appelé* Bazard à partager avec moi l'autorité suprême:

Bazard demanda du TEMPS pour réfléchir; du TEMPS! et c'est là l'explication de toute notre vie, à l'un et à l'autre.

Depuis cette époque jusqu'à ce jour, j'ai PROVOQUÉ tout ce qui a été *pensé*, tout ce qui a été *fait* dans la doctrine; je l'ai PROVOQUÉ devant la *négation* continuelle de Bazard, de Bazard qui toujours demandait du *temps* pour réfléchir.

Ceci n'est point un blâme que je jette sur le passé: c'est une justice, c'est l'expression de la vérité.

Le dogme a été posé; Bazard l'a combattu, et cependant Bazard l'a formulé, et il a su le formuler de manière à répondre à toutes les objections qu'il avait faites lui-même.

Bazard, à l'époque de juillet, était préoccupé du mouvement

libéral, révolutionnaire, républicain qui se produisait alors, et pendant que moi, par mes sollicitations constantes, je poussais de toute ma force la doctrine dans les voies pacifiques, Bazard devait prétendre encore à conserver dans notre sein les passions de guerre, hostiles, haineuses même; car il y avait encore à nous adresser au parti qui venait de remporter la victoire, sous une forme *transitoire* qui l'amenât vers l'avenir que nous annonçons.

J'ai donc provoqué le langage PACIFIQUE que *le Globe* a tenu, et la justification des partis qui sont en dehors de nous, y compris même celui du *juste-milieu*. Je sentais que nous approchions de l'époque où notre langage vis-à-vis de TOUS devait être bienveillant pour TOUS; où les sentimens qui nous avaient donné jusque là notre force, parce que nous avions à résister au passé, à combattre, à vaincre le passé, devaient disparaître, puisque nous avions à fonder l'avenir. En d'autres termes, j'ai senti que les hommes les plus forts en dehors de nous étaient ceux qui se trouvaient aujourd'hui à l'état où nous étions nous-mêmes, lorsque nous nous sommes approchés de Saint-Simon, c'est-à-dire dégoûtés et désenchantés de toutes les doctrines et de toutes les passions politiques du jour. Notre action sur eux, depuis que nous sommes entrés, en avant d'eux, dans la voie de l'avenir, a été de les attirer et de les amener eux-mêmes à l'entrée de cette voie; et si, depuis six ans que nous marchons, ils n'étaient pas encore arrivés, eux, à ce terme qui fut, il y a six ans, notre point de départ, il faudrait, ou bien croire que nous sommes dans une disproportion prodigieuse par rapport à tous les hommes qui nous entourent, ou bien nous accuser d'inertie et d'impuissance, de vanité, de nullité.

Cette disposition politique devait donc bientôt changer complétement notre langage. Nous avions *fait la loi* à tout ce qui était hors de nous: nous avions été des *juges* et des *docteurs* bien plus que des APÔTRES; nous avions bien plus fait la *leçon* au monde que nous ne l'avions AIMÉ, APPELÉ; nous avions

BLAMÉ, CRITIQUÉ, CHATIÉ; nous n'avions pas DÉVELOPPÉ, GLORIFIÉ, PERFECTIONNÉ.

Tout ce que je vous dis là est l'expression d'un autre fait.

J'avais, par mes travaux dans la doctrine, depuis le moment où s'était fait sentir à nos âmes la foi religieuse, indiqué que j'étais seul de nous deux en position d'appeler LA FEMME. Tous mes travaux portaient l'empreinte de ce désir. Bazard, au contaire, n'en parlait pas; Bazard pensait que la vie politique dans laquelle nous étions, et où nous continuions à marcher, était telle que nous avions surtout à développer parmi nous, et en face des hommes, des vertus MALES pour résister à l'état de désordre et de guerre dans lequel le monde se trouve encore. Or, nous n'avons pas à *résister* au monde, nous avons à le PACIFIER, nous avons à l'APPELER, à l'ATTRAIRE par nos sentimens de fraternité, d'union, de famille, par le spectacle de notre MORALITÉ. Notre œuvre, notre position, notre enseignement, notre vie ne doivent point être de dureté, de sévérité, de *guerre*, mais bien toute d'amour, de douceur et de *paix*.

J'avais de plus le besoin de manifester la doctrine au monde par le CULTE. Je sentais que nous ne pouvions revêtir aux yeux de tous le caractère RELIGIEUX, qu'en nous offrant tous personnellement, par nos *actions*, en face du monde, bien plus encore que par nos *pensées* et nos écrits. Je pressai donc l'organisation du *parti politique des travailleurs*, dans un but de CULTE, et non pas dans un but de *résistance* ou d'*attaque* contre le pouvoir. Au contraire c'était bien plutôt dans la pensée que l'*organisation pacifique des travailleurs* serait un exemple et une puissance pour arrêter le désordre qui existe toujours flagrant en dehors de nous.

LA FEMME et LE PROLÉTAIRE avaient tous deux besoin d'affranchissement. Tous deux, courbés sous le poids de l'esclavage, devaient nous donner la main et nous révéler l'un et l'autre une langue nouvelle. Nous avons eu jusqu'ici une parole très-savante, très-apprêtée, très-étudiée, très-profonde nous n'avons pas encore *improvisé* devant vous, et là est le secret de notre impuissance religieuse. Nous avons tous senti, au sortir des prédications où nous avions été émus par l'éloquence, la force et l'élévation des pensées, qu'il nous manquait quelque chose : c'était la vie de vérité, la vie de franchise, la vie d'abandon ; l'expression vive et instantanée de ce que l'on sent, et non pas de ce que l'on a médité, préparé, appris. Le réfléchi, l'étudié ne suffit pas aux hommes, et la parole doit être telle qu'elle aille au cœur de tous. Or, cette parole, nous ne pouvions l'avoir, ne connaissant encore ni LA FEMME ni L'OUVRIER.

Vous comprenez maintenant dans quelle position nous nous sommes trouvés, Bazard et moi, en présence l'un de l'autre depuis trois ans, et vous pouvez vous assurer par vous-mêmes si cette position ne s'est pas en effet réfléchie dans toute la doctrine.

Au milieu de tous nos débats, une question nous a surtout agités, qui nous agite et doit nous agiter encore, c'est la question de L'AFFRANCHISSEMENT DES FEMMES.

Je vous ai dit que j'avais le premier senti et exprimé le besoin de cet affranchissement. J'ajoute que, par le fait, j'étais seul de nous deux en position d'appeler la femme à la vie nouvelle, et c'était ce sentiment qui me faisait déclarer qu'au moment où nous allions nous occuper de la fondation de l'ORDRE MORAL nouveau, tout homme qui prétendrait imposer une loi à la femme n'était pas Saint-Simonien ; et que la seule position du Saint-Simonien, à l'égard de la femme, était de déclarer son incompétence à la juger, tant qu'elle ne se serait pas sentie elle-même assez affranchie pour librement révéler tout ce qu'elle sent, tout ce qu'elle désire, tout ce qu'elle veut pour l'avenir.

Il y avait donc à provoquer l'affranchissement de la femme.

Les termes dans lesquels cette provocation a été faite ont été répandus parmi vous d'une manière tellement désordonnée, qu'il est indispensable qu'aujourd'hui devant vous je les pose moi-même.

L'HOMME ET LA FEMME, voilà l'INDIVIDU SOCIAL, c'est notre foi la plus élevée sur les rapports des deux sexes; c'est la base de la morale de l'avenir. *L'exploitation* de la femme par l'homme existe encore, et c'est là ce qui constitue la nécessié de notre apostolat.

Cette exploitation, cette subalternité, contre nature par rapport à l'avenir, a pour effets, d'un côté le mensonge, la fraude, et d'autre part la violence, les passions brutales; tels sont les vices qu'il faut faire cesser.

L'homme qui se présente pénétré de la foi qu'il lui est donné d'affranchir la femme, a donc dû se placer dans une position telle que, devant lui, aucune femme ne pût rougir de lui confesser sa vie, de lui dire qui elle est, ce qu'elle veut, ce qu'elle désire. Cet homme a dû faire en sorte que rien dans sa personne ne présentât le symbole de la réprobation chrétienne, et j'entends par la réprobation chrétienne l'exclusion de la femme du temple, de la politique, sa subalternité par rapport à l'homme. Voilà dans quelles conditions j'ai dû me placer, et de plus j'ai dû me présenter à la femme en repoussant également loin de moi l'anathème correspondant à l'exclusion de la femme dans le christianisme, l'anathème contre la *chair*. C'est ce que j'ai fait; j'ai dû, en déclarant ce que je pensais, moi personnellement, sur l'avenir de la femme, exprimer une opinion telle que l'homme qui l'écouterait ne l'adoptât pas; car si l'homme l'avait adoptée, si la loi que je présentais, moi, homme, avait été acceptée par les hommes, cette loi faite sans la femme aurait été imposée aux femmes qui seraient donc toujours restées dans la subalternité et l'esclavage : mais, ainsi que je devais le prévoir, ma loi se trouve rejetée par les hommes, et la femme est attendue qui doit avec l'homme trouver la loi définitive sous laquelle l'homme et la femme s'uniront et vivront dans une *sainte égalité*.

Quand je vous parlerai tout à l'heure des idées que j'ai

présentées sur les femmes, vous regarderez donc le but dans lequel elles ont été présentées, et vous les considérerez comme une limite extrême, posée à une distance assez grande de la loi chrétienne, pour que les femmes, dans l'espace intermédiaire qui sépare ces idées des idées actuelles, osent et puissent venir parler librement.

Vous savez que tous nos enseignemens sur le passé, et les principaux moyens à l'aide desquels nous classons les faits de l'humanité se réduisent à ceci : L'humanité s'est d'abord développée *matériellement*, ensuite *spirituellement;* elle doit harmoniser un jour le développement de *l'esprit* et de *la matière.*

Lorsque l'humanité était sous l'empire de la loi de CHAIR, de la loi de sang, les chefs étaient *violens*, les inférieurs *esclaves.* Lorsque l'ESPRIT voulut résister à la CHAIR et la vaincre par le christianisme, il employa le mensonge, le miracle et le jésuitisme. Aujourd'hui la *violence* et le *mensonge* doivent cesser ; car l'extase chrétienne et l'exaltation païenne ont mis la *chair* et *l'esprit* en état d'hostilité, et par conséquent ont déterminé la chair à la violence et l'esprit au mensonge : or cette guerre, cette lutte, cette disposition hostile doivent disparaître devant LA LOI D'AMOUR qui donnera satisfaction à la chair et à l'esprit, à l'industrie et à la science, au culte et au dogme, à la pratique et à la théorie. Tout le problème social de l'avenir consiste donc à concevoir comment les *appétits des sens* et les *appétits intellectuels* peuvent être dirigés, ordonnés, combinés, séparés à chaque époque de la civilisation humaine, selon les besoins progressifs de l'humanité. Le PRÊTRE doit donc se proposer d'inspirer et de diriger ces *deux natures* distinctes, jusqu'ici ennemies, de les diriger dans un amour commun pour une destinée commune, en rapprochant sans cesse la distance qui sépare ces deux natures, et en s'opposant de toute sa force, de toute sa sagesse, de tout son amour, à ce que leur rapprochement donne lieu à un combat, à un DUEL.

Voilà la politique, voilà le gouvernement de l'avenir. Il

consiste à mettre le théoricien et le praticien, les hommes de l'esprit et les hommes de la chair en relation telle que le duel qui a existé entre eux dans le passé n'existe plus et qu'à ce duel succède une harmonie.

Vous sentez, dans les termes dont je viens de me servir, que c'est le même problème que celui de l'HOMME et de la FEMME. Il faut que l'harmonie s'établisse entre l'homme et la femme, leurs rapports jusqu'ici ayant toujours été ou *violens* ou *faux*; la fausseté et la violence doivent disparaître. Mais, en nous tenant dans les termes de chair et d'esprit, de science et d'industrie, de dogme et de culte, termes métaphysiques, historiques, politiques, je ne me fais pas SENTIR: prenons donc une forme nouvelle.

Il y a des êtres à AFFECTIONS PROFONDES, durables et que le temps ne fait que resserrer. Il y en a d'autres à AFFECTIONS VIVES, rapides, passagères, cependant puissantes, sur lesquelles le temps est une épreuve pénible, souvent insupportable.

Ces deux natures d'affections, toutes les fois jusqu'ici qu'elles se sont trouvées en présence, se sont méprisées, repoussées, éloignées, salies. Comment, dans l'avenir, des êtres à affections profondes pourront-ils, non pas se lier d'amour avec ceux qui ont des affections vives (ce qui serait pour les uns et pour les autres une union de douleur et de sacrifices), mais se rendre justice réciproquement, mais s'estimer les uns les autres, mais se considérer comme également utiles au développement de l'humanité? c'est là toute la question qui nous occupe.

Or je dis qu'il y a dans le monde trois formes de relations, l'*intimité*, la *convenance* et la RELIGION. Les rapports qui existeront entre les êtres à affections profondes seront des rapports intimes comme ceux qui existeront entre les êtres à affections vives. Les relations de ces deux natures l'une avec l'autre, c'est ce que j'appelle les relations de convenance. Enfin la réunion de ces deux natures autour du PRÊTRE qui les comprend l'une et l'autre, qui les sent également l'une et l'autre, qui les élève l'une et l'autre, constitue la RELIGION. Le *Temple*, sous le rapport MORAL, se trouve donc divisé en trois parties, ainsi que la *Cité* et l'*Humanité*, en trois parties qui correspondent à ces trois faces de la vie, *affection vive*, *affection profonde*, et CALME OU AFFECTION SACERDOTALE qui sait les comprendre l'une et l'autre.

J'ai besoin cependant de revenir sur ce que j'ai dit tout à l'heure du passé. Nous avons exprimé sous bien des formes déjà que l'avenir se distinguait de la dernière époque organique, du christianisme, spécialement par le développement *industriel*. C'est pour cela que nous avons dit, dans ces autres termes, que notre œuvre apostolique consistait dans la *réhabilitation de la chair*. Vous avez donc à vous souvenir que jusqu'à présent sur toutes les questions que nous avons examinées, philosophiques et politiques, sur chacune successivement, vous avez toujours été trouvés chrétiens, chrétiens à votre insu, chrétiens quand même vous en étiez à la critique du christianisme, et c'est pourquoi vous devez vous attendre, aujourd'hui qu'il s'agit entre nous de morale, de la réhabilitation de la chair sous le point de vue moral, vous devez vous attendre à être trouvés et à vous trouver encore chrétiens. Souvenez-vous donc, devant toutes les paroles qui peuvent appeler l'avenir, souvenez-vous de vous bien défendre de toute réprobation anticipée, faites effort pour vous délivrer, vous, enfans de Saint-Simon, de l'influence encore vivace de l'anathème chrétien, anathème qui pèse toujours sur notre monde, quoi qu'on puisse dire de l'état de démoralisation où trois siècles de critique nous ont plongés, et du désordre des appétits physiques de notre époque. Ce monde d'immoralité n'en garde pas moins pour règle de ses jugemens la loi morale chrétienne : c'est selon cette morale qu'il loue et qu'il blâme, tout en ne la suivant pas; dernier et mystique hommage à la vertu ancienne : fiction bonne pour ce monde, mais qui ne doit pas nous préoccuper, nous, d'une manière fâcheuse, dans la recherche hardie et sainte que nous faisons de la loi morale nouvelle, de la loi définitive de l'humanité.

Je reprends la suite de l'enseignement que je vous faisais tout à l'heure.

La nature des relations qui existeront dans l'intimité de chacune des séries que je vous ai signalées sera telle, tant que l'humanité existera, que, sans l'influence médiatrice des PRÊTRES, il serait impossible de s'expliquer comment les êtres à affections vives ne *repousseraient* pas les êtres à affections profondes, et comment les êtres à affections profondes ne *repousseraient* pas les êtres à affections vives.

Ces deux formes de répulsions pourraient s'exprimer ainsi: que les uns *dégoûteraient* les autres, et que les autres *ennuieraient* les premiers.

L'*ennui* et le *dégoût*, voilà ce qu'il faut que le prêtre s'occupe sans cesse de faire disparaître, car c'est par l'ennui et le dégoût que tous les crimes sont déterminés. Et voilà pourquoi je vous ai dit tout à l'heure qu'entre ces deux séries devaient s'établir des relations de convenance, c'est-à-dire que leur rapprochement devait se faire de manière à ce que la vie habituelle de chacune des deux fût modifiée par la présence et pour la présence de l'autre.

Ainsi prenez pour un instant une image que j'aime à donner, parce qu'elle indique dans l'époque actuelle une division pareille, qui se fait instinctivement. Comparez le quartier de la Chaussée-d'Antin au Marais, vous voyez là certes deux natures d'individus bien distinctes, qui néanmoins à certains jours, à certaines heures où elles se visitent, où elles se rapprochent, où elles s'unissent, savent réciproquement l'une pour l'autre modifier leurs habitudes, leurs sentimens, leurs pensées, leurs manières, leur vie. Aujourd'hui sans doute la vie du Marais et la vie de la Chaussée-d'Antin sont également mauvaises, vicieuses, fâcheuses: mais ce sera l'œuvre de la religion nouvelle, en réglant et en justifiant ces existences diverses, de les amener chacune et toutes à l'état de communion complète, à la communion *religieuse*.

Je reviens maintenant à la forme sous laquelle les deux natures dont je viens de parler se manifestent le plus vivement l'une par rapport à l'autre. *L'indifférence* et la *jalousie* sont deux vices également funestes : je dis l'indifférence, c'est la facilité de passer d'une affection à une autre ; la jalousie, c'est l'amour exclusif pour *un seul* être, qui s'absorbe en *lui* et qui veut l'absorber en soi, qui craint toute approche, qu'un regard trouble et qu'un soupçon désespère. Othello et don Juan, voilà les types des deux vices; mais sous ces deux vices il y a aussi deux vertus : l'amour profond et exclusif pour un seul être, qui se donne tout entier à lui, mais qui ne veut pas s'isoler en lui, non plus que l'isoler en soi, et qui de deux existences n'en fait qu'une, pour les rattacher toutes deux en une, plus fortes l'une par l'autre, à l'œuvre sociale et à toutes les affections de l'humanité, cet amour est beau et religieux. De même, la facilité de passer d'une affection inférieure à une affection supérieure, sans s'abstraire dans la première, sans s'y confondre, sans s'y abîmer, au contraire en voyant en elle un premier élément de progrès, est d'une belle et sainte nature. Seulement il ne faut pas que ce soit un oubli, un abandon de ce qu'on a aimé, mais bien une puissance de marcher, après avoir aimé, vers un nouvel amour.

Ces deux natures ont donc leur vice à côté de leur vertu ; dans ces deux natures, comme dans toutes choses, l'humanité manifeste le *bien* et le *mal*, car elle est *imparfaite* mais PROGRESSIVE. Comment donc leur donner à toutes deux *satisfaction* et *règle* en même temps ? Comment garantir l'amour exclusif de cette exaltation anormale qui le fait vicieux, et en même temps le garantir aussi des causes qui déterminent cette exaltation ? c'est-à-dire comment le garantir de l'influence désordonnée qu'exercent, par rapport aux êtres de son choix, le caractère de l'autre série, ou de don Juan ? Comment préserver aussi (ce qui n'est pas moins important, quoi que le préjugé chrétien ait pu faire et fasse encore en faveur de l'amour exclusif), comment préserver l'individu qui a cet amour progressif, qui ne s'arrête pas dans *un* parce qu'il a aimé *un*, et qui peut, après avoir aimé *un*, marcher vers *un autre*, sans s'abstraire dans le premier, si le second est plus grand que le premier, comment le préserver, dis-je, de l'anathème, de la réprobation, du mépris que lui jette le christianisme, et que les êtres à affection exclusive et sanctifiée par la loi chrétienne pourraient vouloir lui continuer ?

Remarquez que cette disposition morale, dans laquelle je prétends vous mettre tous, et dans laquelle je suis, de donner *satisfaction* et *règle* à chacune de ces deux faces de la vie, cette disposition MORALE est la disposition saint-simonienne. Comme MORALITÉ SACERDOTALE, c'est la seule qu'on puisse admettre; elle consiste à mettre d'accord, à HARMONISER sans cesse *les deux natures*; nous l'avons tous professée sous les rapports politique, métaphysique, philosophique; nous ne faisons ici que continuer. Ainsi, établissez le lien qui existe entre tout ce que je vous ai enseigné jusqu'à présent et ce que je vous enseigne aujourd'hui. Je tiens à ce que ce lien soit établi de manière à ce que vous conceviez qu'il y aurait à faire une rénovation entière de tout ce que je vous ai dit par le passé, si vous contestiez ce que je viens de vous dire.

J'ai parlé d'unions successives, et c'est là un fait sur lequel il faut que la doctrine se prononce; car au moment où tout le monde s'occupe du *divorce*, nous ne pouvons pas être dépassés pour un fait de ce genre par la Chambre des députés.

La femme, avons-nous dit, est l'égale de l'homme, *sera* l'égale de l'homme : elle est aujourd'hui esclave; c'est son maître qui doit l'affranchir. Le divorce, tel qu'il peut être conçu en dehors de nous, n'ayant pas pour but l'*égalité* de l'homme et de la femme, n'a qu'une valeur négative de la loi chrétienne, et par conséquent une valeur dissolvante, une valeur critique, comme tout ce qui a été fait jusqu'à présent en dehors de nous. Nous, au contraire, en prononçant sur le divorce, nous aurons le caractère organisateur que nous avons eu dans toutes les théories politiques ou philosophiques que nous avons posées. Par exemple, quand nous professons l'abolition de l'hérédité selon la naissance, quoi que puissent dire les adversaires de la doctrine qui ne la comprennent pas, nous ne sommes pas des *destructeurs*, des *démolisseurs*, nous sommes les hommes du PROGRÈS qui *édifions* et *construisons* en même temps que nous *démolissons*. De même, en établissant le divorce, en vue de l'égalité de l'homme et de la femme, nous voulons bien en effet dissoudre des liens mal formés, mais en même temps nous en préparons de nouveaux. D'où il résulte qu'on pourra bien nous faire, dans l'ordre moral, les mêmes attaques que dans l'ordre politique, mais ces attaques seront également fausses. Sans doute notre caractère général est bien, par rapport à ce qui est avant nous et à côté de nous, la *dissolution*, la *destruction*; mais aussi par rapport à l'avenir, c'est la *réorganisation*, la *reconstruction*. En d'autres termes, notre caractère général, c'est le PROGRÈS; nous accomplissons dans le temps ce qu'il y a de plus important à accomplir dans le temps : or dans le temps, il y aura toujours à faire *démolition* et *reconstruction*.

Avant de continuer sur les relations de l'homme et de la femme, j'ai besoin de vous dire qu'encore que nous ne puissions formuler aujourd'hui la LOI MORALE de l'avenir, qui ne peut pas être révélée sans la femme, il existe néanmoins pour nous une règle morale à laquelle je prétends le premier m'astreindre, et à laquelle, avant tout, je vous demande aussi de vous astreindre. Je déclare que tout acte, aujourd'hui, dans le sein de la doctrine, qui serait de nature à être réprouvé par les mœurs et les idées morales du monde qui nous entoure, serait un acte d'immoralité; car il serait funeste à la doctrine en général; pour MOI, *personnellement*, je le regarderais comme la preuve de désaffection la plus grande qu'un de mes enfans puisse me donner.

Voilà la règle morale que je vous donne à tous, règle morale qui a une autre forme, qu'il est utile de constater aujourd'hui devant vous. Tout est faux aujourd'hui dans les rapports de l'homme avec la femme. Ces rapports sont de maître à esclave : ceci doit disparaître parmi nous. Quand vous jugez une femme, vous, hommes, vous, Saint-Simoniens, vous êtes dans un état d'immoralité : vous ne le pouvez plus dès ce jour ; vous avez tous à attendre, comme hommes, que la femme ait parlé, pour penser qu'il vous soit possible, à vous qui avez fait la loi sous laquelle elle vit, de juger un acte qu'elle aurait commis comme un acte d'immoralité. Permis à tous les hommes en dehors de nous de juger les femmes qui sont encore sous leurs lois ; ils le peuvent ; ils sont maîtres : nous ne le pouvons plus, car nous cessons d'avoir des esclaves. Sachez-le bien, toute femme aujourd'hui que vous jugeriez sans qu'elle vous accusât vous-même, sans qu'elle vous demandât compte de la loi que vous avez faite, de cette loi véritable cause de l'acte qu'elle aurait commis ; toute femme, dis-je, que vous jugeriez ainsi, serait dans un état de moralité Saint-Simonienne plus grand que celui où vous vous trouveriez vous-mêmes en la jugeant.

Voilà donc les deux formes sous lesquelles je vous présente aujourd'hui la règle morale que je désire être la vôtre, et je dis que cette règle morale vous place dans une position où aucune loi précédente n'a pu vous mettre à l'égard des femmes. Vous êtes, non pas les défenseurs, les champions de la femme, comme au moyen âge ; vous attendez, vous écoutez sa parole, vous recueillez ses révélations; elle est libre en face de vous. J'ai dit tout ce qui pouvait être dit pour qu'elle parlât ; vous n'avez plus à la presser ; elle sait qu'un homme à la tête de la Doctrine, appelant la femme à lui, a dit tout ce qu'il fallait dire pour qu'elle pût parler librement, et cela suffit. Encore une fois, vous avez à écouter et non pas à parler ; vous devez même fermer vos yeux de manière à ne pas faire tomber sur la femme, par vos regards, le poids de la chaîne chrétienne, et à ne pas faire tomber non plus involontairement sur elle le poids plus épouvantable du désir païen. Et je vous répète encore ici qu'avant tout vous devez regarder les idées que j'ai présentées, sur la femme, comme une exagération, comme une limite extrême posée par m· ¦ pour laisser à la femme, entre cette limite et la loi chrétienne, assez d'espace pour se prononcer librement ; qu'ainsi ce n'est point une loi que je vous donne, une doctrine, un enseignement à faire, mais bien seulement l'opinion d'un seul homme que j'énonce.

En vous parlant des affections vives et passagères, j'ai été nécessairement conduit à prononcer le mot de divorce, parce que cette facilité de certains êtres de passer d'une affection à une autre implique en effet l'idée de divorce. Toutefois je veux vous présenter le divorce sous une forme plus générale que celle-là.

Le divorce peut tenir soit à une faiblesse, à un *vice*, soit à une puissance, à une *vertu*, soit enfin à un *désaccord* entre les deux êtres unis, l'un s'élevant par ses vertus, par sa puissance, l'autre s'abaissant par sa faiblesse, par ses vices. Ainsi le divorce se présente sous ces trois formes; savoir : ou bien que les êtres unis tombent en quelque sorte en faillite morale, se désunissent et se séparent par faiblesse, n'ayant plus la puissance de rester unis : ou bien, au contraire que, marchant tous les deux vers un avenir plus grand, tous deux rencontrent devant eux quelque chose de plus élevé que ce qu'ils avaient auparavant dans leur union, en sorte qu'ayant accompli leurs progrès sous une forme double, ils le recherchent sous une forme double nouvelle; soit qu'enfin, des deux êtres unis, l'un s'élevant et l'autre restant à la même place ou tombant, la séparation devient à l'un et à l'autre nécessaire : toutes conditions de la perfectibilité humaine. Voilà, dis-je, quelle est ma conception sur le divorce.

Maintenant, si ces mariages successifs sont autorisés, quelle sera la limite, le temps, la durée qu'on pourra leur déterminer un jour ? devant toute question de limite, je m'arrête ; la femme parlera; elle parlera sur tout, et particulièrement sur ces questions de convenance, de tact, de délicatesse, où je me tais. Je n'ai, moi, rien à dire, et j'ai fait tout ce que je devais faire en posant des termes tels qu'ils permissent à la femme de parler toute sa pensée, sans nulle crainte du vieil anathème chrétien.

Le PRÊTRE, ai-je dit, a pour mission de diriger, de développer les *deux natures* des êtres à affections *vives* et des êtres à affections *profondes*, et de les unir par un lien de convenance et d'estime réciproque, de les unir l'une à l'autre, en les faisant s'aimer l'une et l'autre par leur amour commun pour lui et pour les destinées vers lesquelles il les entraîne. Le prêtre doit donc, lui, sentir également les deux natures, les comprendre et les aimer également; sans cela sa puissance d'action, de direction, d'inspiration, de RELIGION lui manquerait; il serait encore réduit à l'anathème chrétien ou païen.

Le prêtre, le clergé, a pour mission d'inspirer les travaux de la science et les travaux de l'*industrie* : les relations dans lesquelles le CLERGÉ se trouve à l'égard de toute la société par la poésie, les beaux-arts, se retrouvent dans les relations personnelles du COUPLE PRÊTRE avec les fidèles. La mission du prêtre est donc de régulariser et de développer les appétits *intellectuels* et les appétits *charnels*; ainsi que sa mission est encore de faciliter l'union des êtres à affections profondes en les garantissant de l'influence des êtres à affections vives, et de faciliter également l'union et la vie des êtres à affections vives, en les garantissant du mépris des êtres à affections profondes.

Quelle que soit la difficulté de concevoir aujourd'hui le sacerdoce, en lui donnant une mission aussi grande, aussi difficile, rappelez-vous que *le sacerdoce c'est l'homme et la femme*, et non pas l'homme seulement ou la femme seulement: surtout vous rappelant les difficultés du sacerdoce passé, ne craignez pas de vous présenter les difficultés du sacerdoce nouveau dans toute leur étendue; car certes, en songeant aux obligations du sacerdoce chrétien, vous verrez qu'il est bien plus difficile d'admettre, de concevoir comment l'humanité trouva ses prêtres chrétiens qu'il ne peut l'être aujourd'hui d'imaginer comment l'humanité trouvera ses couples de prêtres Saint-Simoniens.

Ce serait en effet une chose difficile que de trouver parmi les hommes un homme ayant assez de puissance morale pour donner également la main à deux natures dissemblables, comme celles dont je viens de parler, les êtres à affections vives et les êtres à affections profondes. Cette difficulté est bien visible aujourd'hui, dans le mouvement qui se passe au sein de la doctrine. Moi qui suis *seul* à la tête de la doctrine, je suis obligé de laisser de côté une face de la vie......

PIERRE LEROUX *interrompant avec vivacité :*

Vous exposez là une doctrine que vous avez développée devant le collége et qu'il a unanimement réprouvée ; je suis venu ici pour le déclarer, je vais me retirer.

PÈRE ENFANTIN :

Il est impossible à un homme, en voici la preuve, de maintenir l'égalité entre les hommes et les femmes qui ont des affections profondes, et les hommes et les femmes qui ont des affections vives. La preuve, je vous ai dit qu'elle était présente ; vous la voyez. En effet, il ne m'est pas donné aujourd'hui de prononcer une parole qui satisfasse les êtres à affections profondes et les êtres à affections vives. Voilà l'homme (montrant Leroux) qui représente le mieux la VERTU, *telle qu'elle a été conçue jusqu'à présent.* Et vous le voyez, la vertu EXCLUSIVE de cet homme ne peut pas comprendre ce qu'il y a d'UNIVERSEL dans mes paroles.

PIERRE LEROUX : C'est parce que votre doctrine est un pur système, discuté et réprouvé dans le collége, que je suis venu le déclarer ici.

PÈRE ENFANTIN : J'ai dit moi-même que ces idées m'étaient personnelles, qu'elles devaient avoir la réprobation de tous les HOMMES, parce qu'elles étaient dans des termes tels que la FEMME pouvait, entre ces termes et ceux de la loi chrétienne, dire tout ce qu'elle avait à dire : je l'ai dit ; je tiens à ce que tout le monde sente pourquoi je m'exprime ainsi. Il est impossible de concevoir comment la femme serait affranchie si un homme n'osait pas s'exprimer comme je viens de le faire : elle ne parlerait pas.

CARNOT : Lorsque tous réprouvent les idées émises par le chef d'une association, il leur est impossible de demeurer en communion avec lui.

PÈRE LAURENT : Ayez donc la patience d'attendre.

PÈRE BARRAULT : Vous avez accepté la hiérarchie du père Enfantin.

CARNOT : Je vais la renier, il faut que toute vérité soit connue.

JULES LECHEVALLIER : Quant à moi, je me retire, car je n'accepte plus la hiérarchie du P. Enfantin, je n'accepte pas non plus celle du P. Bazard. Je suis encore une fois seul dans ce monde. — Si vous me permettez de parler, comme vous en avez le droit, puisque vous présidez une réunion où tous vous reconnaissent pour chef, je ferai ma profession de foi publique.

PÈRE ENFANTIN :

Tu parleras..... Je le répète, j'ai dû poser des termes tels que la femme, en présence de ces termes et de la loi chrétienne, fût en libre possession de la parole : voilà ce que j'ai voulu et ce que je veux encore aujourd'hui. Je vous ai déclaré que vous eussiez à regarder mes idées sur la femme comme l'opinion d'un seul homme et non point du tout comme une loi, comme une doctrine, car il n'y aura de loi et de doctrine morale qu'alors que la femme aura parlé. Je vous ai déclaré en outre qu'en attendant la loi définitive, nous avions une règle morale à laquelle je veux, moi le premier, m'astreindre, vous demandant, à vous aussi, de le faire; je vous ai déclaré que tout acte, aujourd'hui, parmi nous, qui serait de nature à être réprouvé par les mœurs et les idées morales du monde était un acte immoral, et, que je le regarderais comme la preuve de désaffection la plus grande qui pût m'être donnée : et voilà qu'après ce que j'ai dit, des hommes qui m'ont suivi jusqu'à présent PROTESTENT contre l'apparition de cette parole. Il faut donc qu'il y ait dans leur cœur une réprobation contre la femme bien puissante encore! Que craignent-ils? Que la femme ne parle, probablement! que la femme ne vienne dire ce qu'elle sent! je dis *la femme* : ils ne peuvent pas craindre que ce soit une femme dégradée, avilie, infâme! Que pourrait-elle sur vous? pourrait-elle vous faire marcher? Une femme d'immoralité! elle n'aurait aucune puissance sur vous!

Avez-vous peur qu'une femme qui aurait en effet la puissance d'entraîner vienne parler et dire : Je sens ainsi l'avenir? mais cette crainte serait une réprobation de la femme. Vous le savez pourtant : il faut qu'une femme vienne, puissante, qui se mette à la tête de l'humanité, et qui dise ce qu'elle sent avec tout le courage que j'ai pour l'appeler. Or, en ce moment, vous êtes évidemment dans l'impuissance d'appeler la femme, car ce n'est pas avec une PROTESTATION contre l'immoralité d'une théorie d'avenir qu'il est possible de dire aux femmes de parler, de parler devant les hommes, de dire sans rougir tout ce qu'elles veulent. Ce n'est pas par une PROTESTATION, par une NÉGATION que vous pouvez appeler la femme; vous ne pouvez l'appeler qu'en AFFIRMANT, qu'en disant ce que vous désirez pour elle, comment vous concevez, comment vous espérez l'avenir pour elle. Or, vous n'affirmez rien, vous ne dites rien, vous ne l'appelez pas.

Eh! comment se fait-il que cette inspiration, que cette pensée de l'appel de la femme ne soit pas venue, à aucun de vous, depuis bientôt six mois que je suis dans le collége répétant les termes de l'appel, ainsi que je le conçois, et que vous soyez obligés aujourd'hui de vous retirer? C'est que probablement vous n'avez pas une pensée, pas un sentiment d'émancipation pour la femme; c'est que sans doute vous ne voulez pas la voir parler, s'énoncer librement. Si vous aviez voulu appeler la femme au milieu de la lutte, vous auriez parlé, vous auriez dit comment vous voulez l'appeler; mais vous n'avez rien dit, vous avez pu NIER, et vous n'avez rien pu AFFIRMER. Vous avez l'amour du passé, vous n'avez pas l'amour de l'avenir, et c'est pourquoi vous êtes muets en regard de l'avenir... A présent, Jules, parle.

JULES LECHEVALIER. Et moi aussi je crois à la nécessité d'appeler la femme ; je crois que l'homme et la femme unis, s'entendant ensemble, peuvent seuls donner la loi de l'avenir. Ainsi ce n'est point à cause de l'appel de la femme que j'ai pris la résolution que je viens vous communiquer et par laquelle je me sépare, pour le moment, de toute hiérarchie. Mais ce que je reconnais comme une grave erreur, ce dont je m'accuse comme d'une faute que j'ai commise et que j'ai laissé commettre (et ici je *m'accuse*, afin de pouvoir également accuser les deux chefs de notre ancienne hiérarchie), c'est d'avoir cru à la possibilité de *constituer une famille* et d'avoir travaillé à la *réalisation* d'une *société* avant que la loi ne fût trouvée.

Oui, je pars de ce principe, parce que c'est le principe le plus large admis par le P. Enfantin, savoir, que le problème social de l'avenir dont l'expression est l'*association la plus complète*, l'*abolition de toute exploitation*, la *constitution de l'humanité pour le progrès*, ne peut être résolu que par l'établissement d'une *loi vivante*.

J'admets aussi que cette loi vivante ne pourra exister que par l'union de l'homme et de la femme. Je dis alors qu'il n'est pas possible de songer à constituer la famille Saint-Simonienne, tant que cette loi vivante ne sera pas trouvée; et que même jusque là la *religion* et la *politique*, tout aussi bien que la *morale*, devront rester à l'état d'élaboration, puisque la femme est déclarée l'égale de l'homme, dans le *temple* et dans *l'état*, aussi bien que dans la *famille*. Mais ce que je dis ici, je ne fais que le supposer en face de ceux qui acceptent encore tous ces principes, et je ne peux pas déclarer y avoir une foi entière, car j'avoue que je suis arrivé au DOUTE, au DOUTE COMPLET sur toute la doctrine, à l'état où je me trouvais avant d'être Saint-Simonien. Je n'accepte donc cette révélation sur la loi vivante et sur l'avenir de la femme, qu'afin de prendre position devant vous, et parce que, même en l'acceptant, je puis motiver suffisamment ma résolution.

Maintenant je vais vous dire mon histoire de Saint-Simonien et vous raconter mon passé pour justifier autant que possible ma situation présente; après, je vous dirai mon but pour l'avenir. Le P. Enfantin prétend qu'en retournant au DOUTE, je devrais aboutir au suicide si j'étais conséquent. Non! je proteste de toute mon âme contre un pareil sentiment. Je puis bien avoir perdu la foi que j'avais en la doctrine, mais j'ai foi à la *vie*, j'ai foi au *travail*; je travaillerai jusqu'à la mort, avec l'espérance de trouver la vérité. On m'a classé comme *théologien*, je veux bien n'avoir été qu'un théologien. Le théologien est celui qui cherche la vérité. Eh bien! il y a une unité dans ma vie, je me suis toujours dévoué à la recherche de la vérité. Si c'est là toute ma vocation, toute ma capacité, je continuerai comme j'ai commencé.

Depuis l'âge où l'homme peut se décider librement à quelque chose, je n'ai pris que deux résolutions: celle qui m'a fait déclarer que j'acceptais la religion Saint-Simonienne; et celle qui me fait déclarer aujourd'hui que je ne l'accepte plus.

Le jour où j'ai été converti à la doctrine, j'y suis venu avec une profession de foi écrite. Dans cette profession de foi, j'ai dit que je croyais avoir trouvé le but de ma vie; qu'au nom de Dieu je mettais ma destinée entre les mains de *Bazard-Enfantin*, chef de la doctrine qui m'avait été annoncée par Ch. *Duveyrier*; qu'après huit années de recherches, de travail, j'étais heureux de pouvoir enfin *m'orienter* vers l'avenir; que j'y marchais, parce que je croyais me trouver sous l'influence de la doctrine la plus favorable au progrès, et avec les hommes les plus dignes de me guider pour l'accomplir. Je reconnaissais donc par là *l'imperfection* de la doctrine et celle des hommes qui la dirigeaient; mais je sentais que de mon côté l'imperfection était encore plus grande, et je me soumettais avec dévouement à ceux que je regardais comme supérieurs à moi. Le sentiment de ma propre faiblesse était si profond, que je n'hésitai point à la confesser. Cet aveu me purifia, me fortifia et me permit d'accomplir les fonctions qui me furent confiées. Depuis j'ai toujours travaillé avec zèle et ardeur; et ici j'en appelle à tous ceux avec lesquels je me suis dévoué à l'humanité, je leur demande si jamais, même dans les circonstances difficiles, je leur ai paru faible, manquant de courage et d'énergie (*marque d'adhésion générale*). On m'a souvent donné mission de *gouverner* des hommes et *des femmes!* j'ai eu la faiblesse d'accepter, ainsi j'ai été nommé directeur du second degré; mais, en réalité, je n'ai jamais pu le diriger : convaincu de mon insuffisance, je me démis de cette fonction et je ne m'en pris qu'à moi-même. Mais je ne tardai pas à voir que beaucoup d'autres raisons dont je n'avais pas eu nettement conscience, m'avaient empêché de diriger convenablement le second degré, le collége lui-même n'était guère mieux gouverné, les deux chefs n'étaient plus d'accord en politique ni en *morale*; ils n'étaient plus en *religion*. Du jour où j'ai eu la conviction de ce fait, ma foi dans les pères, surtout comme *directeurs d'hommes*, a faibli, mais je n'ai jamais cessé de croire que les hommes avec lesquels je travaillais étaient dans la voie de l'avenir, que j'y étais moi-même.

Sur ces entrefaites, la discussion fut portée dans le collége; j'étais en mission. Ici je dois déclarer que, depuis le moment ou je me suis avoué *missionnaire*, et où j'ai *préféré* cette fonction à tout autre, l'état de ma foi a été tel que je viens de l'exprimer.

J'avais prévu que jamais l'accord ne pourrait s'établir entre nos pères, tant que leur position relativement l'un à l'autre ne serait pas changée ; je leur écrivis de Strasbourg et leur proposai quelques moyens de conciliation ; mais je n'osai point envoyer cette lettre, craignant d'avoir été trop loin. Ce fut alors que je reçus de *Duveyrier* une lettre m'annonçant que tout était fini et que nos deux pères s'étaient embrassés en présence du collége. Je fus vraiment transporté de joie, et j'écrivis immédiatement à Bazard-Enfantin que, pour la première fois, je me sentais entièrement *religieux* et plein de foi en eux, que j'allais venir me jeter dans leurs bras. Cette lettre fut portée par *Capella*. A mon retour de Strasbourg, je trouvai la discorde au lieu de l'accord ; seconde illusion détruite! Le collége me sembla divisé en deux camps, celui du P. Bazard et celui du P. Enfantin ; pour moi je bornai mon rôle à essayer d'écarter la question qui avait amené la discussion entre nous, et par mon amour, par des témoignages de toute nature, je m'efforcai de maintenir entre les deux pères un équilibre que je *rêvais* ; car en politique on rêve toujours quand on cherche *l'équilibre* des pouvoirs. Ma position ne fut pas bien comprise, on m'appela un homme du *juste-milieu*. J'avais pourtant un parti bien pris et je ne songeais pas à m'arrêter en chemin ; car déjà j'avais déclaré à Carnot, qui ici peut en rendre témoignage, que, si les deux chefs de la doctrine cessaient d'être d'accord, je ne marcherais ni avec l'un ni avec l'autre, mais que jusque-là je voulais tout faire pour éviter une rupture. (*Carnot* : c'est vrai.) La discussion fut suspendue un moment, je repartis pour Metz en qualité de missionnaire. Là je reçus une lettre ou l'on m'annonçait officiellement que le père Enfantin était devenu le chef suprême de la religion, qu'à côté de lui se trouveraient désormais placés : *Olinde Rodrigues* comme chef de culte, et *Bazard* comme chef du dogme. Je fus tout étonné d'apprendre qu'Olinde Rodrigues était devenu le chef de quelque chose et que Bazard avait consenti à *obéir*. Aussi n'avais-je pas grande confiance dans cet arrangement, mais la pièce était officielle.

PÈRE ENFANTIN : Tu sais que c'est Bazard lui-même qui l'avait corrigée.

DUGIED. Il avait indiqué la correction.

JULES LECHEVALLIER. Vous allez voir tout à l'heure où j'en suis avec le P. Bazard.

La pièce était officielle; je la communiquai aux membres de la nouvelle famille de Metz, et je fis des vœux pour que la constitution pût se maintenir. Cependant j'étais encore plein de doute; aussi, en arrivant à Paris, je ne voulus point aller tout d'abord rue Monsigny, et, pour la première fois depuis mes missions, je descendis à l'hôtel. La première personne de la famille que je rencontrai fut *Cécile Fournel ;* elle m'apprit que le P. Bazard quittait la rue Monsigny. Je déclarai à *Cécile* que provisoirement je me rallierais à la hiérarchie constituée; néanmoins je me rendis auprès du *P. Bazard.* Il abandonnait le centre de la famille; il s'était laissé déposséder; je ne pouvais reconnaître en lui le chef de la Doctrine ; *je saluais un vaincu ;* mais je sentais lui devoir mon *premier* témoignage d'affection, parce que je l'aime profondément et qu'il a beaucoup souffert dans cette longue crise. A l'égard du P. Enfantin, je me trouvais encore dans l'incertitude ; je réfléchis beaucoup à ce qui se passait autour de moi; et, après avoir vu les divers membres du collége avec lesquels je sentais avoir quelque chose à faire, j'acquis la conviction que le temps était venu de se manifester.

C'est ce que je viens faire aujourd'hui. Je pense que la Doctrine Saint-Simonienne ne peut plus être considérée comme à l'état d'*association.* Le chef suprême ayant déclaré que la *morale* n'était pas faite encore, il ne peut prétendre à *réaliser*, à *gouverner.* J'entends par *gouverner*, assumer sur soi la responsabilité de personnes qui ne peuvent se vouer à l'*apostolat*, et qui n'ont ni leur *liberté* ni la conscience profonde du but où elles marchent. Ces personnes, ce sont les hommes peu capables, les vieillards, les jeunes filles, les enfans ; et à cet égard je crois pouvoir dire qu'il y a des *enfans* dans tous les degrés de la doctrine. Pour *gouverner* il faut que la loi morale soit donnée ; jusque-là la doctrine ne pourra se maintenir et se sauver qu'en revenant à l'*état apostolique* pour l'appel de la femme. Actuellement c'est une expérience que l'on veut faire. Nous sommes ici dans un *laboratoire ;* il n'y a plus place pour des *sujets*, mais pour des APÔTRES.

Nous avons entrepris une œuvre de réalisation : *Associations d'ouvriers, maisons d'éducation*, *etc.* C'est une tentative prématurée ; c'est une faute commise par Bazard et Enfantin, faute que nous avons tous partagée. Ce que nous avons de mieux à faire, c'est de la réparer et de ne point l'aggraver en continuant dans la même voie.

Le P. Bazard s'est éloigné de la maison de Saint-Simon ; il laisse un autre que lui parler seul en ce nom ; je ne crois pas que le P. Bazard puisse, du moins pour le moment, prétendre à une mission de *chef.*

Le P. Enfantin veut s'instituer chef d'une association qui réalise, d'un *gouvernement* et non d'un *corps apostolique.* J'expliquerai plus tard comment je conçois la constitution de ce corps apostolique. Pour le moment je me contente de proclamer que le seul moyen de salut pour la doctrine de Saint-Simon, c'est de cesser l'*œuvre de réalisation* qu'elle a entreprise, et de chercher, non plus des *sujets*, mais des *apôtres.* Nous ne devons cependant pas oublier qu'au nom de Saint-Simon nous avons appelé beaucoup d'hommes qui ne peuvent nous servir dans l'œuvre d'apostolat ; que nous avons fait quitter à plusieurs d'entre ces hommes une famille, une fonction dans le monde ; notre devoir est de les faire rentrer dans leur état antérieur, en leur faisant éprouver le moins de froissement possible ; nous devons rester tous *en communion* pour cette œuvre, et y consacrer tout notre travail, tous nos moyens moraux intellectuels et matériels. Je propose donc que, pour tout ce qui regarde la réalisation, la doctrine se mette EN LI-

QUIDATION ; et que ceux d'entre nous qui en sont les plus capables soient chargés de cette liquidation.

Quant aux nouvelles théories morales et aux questions de doctrine qui me séparent du P. Enfantin, je ne puis pas encore m'expliquer nettement puisque je doute ; mais ce qui est profondément résolu chez moi, ce dont je réponds devant Dieu et devant les hommes, c'est que je ne marche plus tant qu'on voudra réaliser; *c'est que je ne reconnais plus de famille Saint-Simonienne.* Vous voyez que je suis dans une situation bien douloureuse. Oui! je DOUTE, je DOUTE même de Saint-Simon, je DOUTE de ceux qui l'ont continué, je DOUTE DE TOUT enfin, *je redeviens philosophe.*

Raymond Bonheure : Doutez-vous qu'il y ait nécessité de s'aimer les uns les autres: Tout Saint-Simon est là.

JULES. Je ne répudie pas mon passé ; j'accepte encore l'héritage de Saint-Simon, mais *sous bénéfice d'inventaire ;* je reconnais que Bazard et Enfantin, qui ont été enseignés par *Rodrigues*, sont ceux qui jusqu'ici ont le mieux continué Saint-Simon ; je reconnais leur devoir beaucoup; mais pour l'avenir, je n'ai plus foi en eux. Me voici donc encore une fois *seul*, seul sur la terre ; mais, comme l'a dit, en me voyant ce matin, un des hommes qui reconnaissent partout des *symboles* (*Ch. Duveyrier*), je porte encore l'*habit de l'espérance.* Oui, je vais chercher la vérité avec un ferme espoir de trouver ce qui sera bon pour mes semblables et pour moi. Je sais à quel sacrifice doit se condamner l'homme qui ose accepter une position pareille, et je connais toute la responsabilité que j'ai assumée sur ma tête, en prêchant au monde la parole de Saint-Simon. Il ne m'est plus permis de reculer, et plus que jamais je me dévoue à l'humanité, à la vérité.

Pour cela je *renonce à ma famille du sang* et je me considère comme dégagé de toutes les obligations que m'imposeraient, à son égard, les sentimens de mon cœur aussi bien que les lois de la société actuelle. Je *renonce* pour toujours à *vivre* d'une doctrine que je ne regarderais pas comme constituée, à *vivre de l'autel*, là où il n'y a pas encore d'autel.

Je *renonce à me marier* tant que je n'aurai pas une loi de mariage et un prêtre pour bénir mon union. Désormais je ne puis avoir avec la femme aucune relation qui soit reconnue LÉGITIME par les mœurs et par les lois telles que le christianisme les a faites. J'ai oublié de dire tout-à-l'heure que, lors même que j'accepterais l'appel de la femme comme l'entend le P. Enfantin, je devrais encore n'y point prendre part, car je ne me sens pas la force d'obéir à la loi qu'il a donnée *provisoirement*.

J'ai voulu ajouter ces paroles, afin que personne ici ne pût croire qu'il y ait d'autres causes de ma retraite que celles que j'ai énoncées publiquement. Je n'ai pas craint de livrer ma vie passée au P. *Enfantin*, il sait qu'elle *justifie sa morale*. Je n'accepte nullement cette morale, mais puisque le P. Enfantin fera une *expérience sur l'humanité*, qu'il se serve de ma vie pour son expérience. Je la lui abandonne. Depuis que je vis dans la doctrine, j'ai fait toutes les confessions dont je me suis senti capable ; ce que je n'ai pas dit encore, j'aurai le courage de le dire au P. Enfantin. Je promets de le faire.

J'ai un dernier devoir à remplir. Je me trouve depuis plus d'un an en relation très-intime avec un des membres de la doctrine ; il m'a nommé son ami, son protecteur, il a voulu attacher sa vie à la mienne. Dans tous ses momens de souffrance c'est à moi qu'il a eu recours; je me suis toujours efforcé de l'aider et de le servir. Lorsque j'ai pris ma résolution, je lui en ai fait connaître les motifs, lui disant *où je n'allais pas* et lui demandant *où il voulait aller*. Il m'a répondu : « Puisque vous n'êtes plus avec le P. Enfantin, je me sépare de » lui ; mais je ne puis pas vous suivre. » L'homme dont je parle, c'est *Abel Transon*. Il est ici. Il vous parlera tout-à-l'heure.

Je n'ai plus rien à ajouter ; tout est fini maintenant. (Jules se dispose à sortir.)

PÈRE ENFANTIN : Jules, tu sais bien que tu as dit dans ta profession de foi : *tout est fini et tout commence.*

JULES : Oui, sans doute. Tout est fini et tout recommence. (Jules se rasseoit.)

TRANSON donne lecture de la lettre qu'il a écrite à Jules Lechevallier.

Moi ! Je ne suis pas philosophe, je suis un homme religieux, c'est vous, Père Enfantin, qui me l'avez appris. Oui, je suis un homme religieux, et c'est précisément parce que je je ne vois plus de religion ni en Bazard, ni en vous, que je me retire. Je suis un *porte-bannière* ; je ne porte plus la vôtre ; je n'y ai plus foi, je disparais. Voilà comment je ne suis pas philosophe, mais bien un homme religieux. J'irai où je verrai une religion. Vous, Père Enfantin, vous me connaissez ; c'est vous qui m'avez mieux compris que personne.

PÈRE ENFANTIN : Ce que tu as écrit de mon intelligence *incomplète*, sur mon sentiment *incomplet* de la nature humaine, n'est-ce pas comme si tu avais dit que je n'ai pas de femme? Ne rattaches-tu pas ces deux choses l'une à l'autre? et ne penses-tu pas que l'homme qui est à la tête de la doctrine, n'ayant pas de femme, doit avoir *l'imperfection* que tu viens de signaler ? Si donc cette imperfection que tu lui reproches était en effet dans la nécessité même des choses; si, par exemple, dans l'impuissance où il est de déterminer les confessions publiques, il s'était trouvé dans une position où, pour les déterminer, il fallait indirectement les provoquer, je te demande alors si tu pourrais dire : Je me sépare de cette bannière !

TRANSON : Je crois bien que l'absence d'une femme qui vous complète est une des raisons qui vous ont mis jusqu'ici dans l'impuissance de produire des confessions publiques. Tout ce qui m'a répugné, tout ce qui a fait que je me sépare de vous, c'est qu'ayant eu la puissance de provoquer des confessions particulières, vous les avez divulguées ; vous en avez fait usage sans le consentement de ceux qui les avaient faites.

PÈRE ENFANTIN : pour la doctrine !

TRANSON : J'avoue que l'usage que vous en avez fait était en faveur de la doctrine et dans les intérêts de l'humanité : mais je n'en persiste pas moins à dire qu'il y a là mépris de la dignité humaine ; je suis prêt à me sacrifier pour l'humanité, mais je veux savoir que je me sacrifie : je livrerai ma vie quand on voudra.

PÈRE ENFANTIN : Tu as raison, c'est ce qui doit nous presser d'avoir dans la doctrine la FEMME, que nous appelons aujourd'hui ; c'est elle qui doit déterminer la limite que personne ne doit franchir sans sacrilége, la limite de la *personnalité*. Je te demande à toi si tu ne penses pas que la présence de la femme fera disparaître cet abus, et que l'individualité parmi nous n'est pas assez respectée, précisément parce que nous n'avons pas de famille, pas de femme.

TRANSON : C'est parce que l'individualité n'est pas assez respectée que je me retire. L'homme ou la femme qui vous auront confessé leur vie, leurs actions, qui vous auront donné ce témoignage de confiance, repousseront votre autorité, si vous usez de leur confession, sans leur en avoir demandé la permission.

PÈRE ENFANTIN : Sous quelle loi tout cela a-t-il eu lieu ? Quand nous avons pris la doctrine Bazard et moi, les individualités ont disparu complétement : vous avez été sous une loi despotique, nous avons eu seuls un nom..... Nous avions dit, dans le temps dont je vous parle, que le prêtre ou le chef avait liberté de faire de la confession ce qu'il jugeait convenable. Cela a été dit : jamais tu n'as entendu d'autres paroles sortir de la bouche de Bazard ou de la mienne ; nous savions bien que nous ne pouvions gouverner la doctrine, à l'état d'imperfection où elle était, sans avoir cette forme absolue de gouvernement.

TRANSON : Dans les premiers temps du christianisme, il y a eu la confession publique. Je rends hommage aux hommes qui dans notre siècle, ainsi que Baud et d'autres, ont conservé assez de dignité pour se garder purs; mais il y a quelque chose d'aussi grand dans l'humanité, c'est de venir devant les hommes déclarer comme quoi sa chair a été salie. Je viendrai quand vous voudrez, mais je ne veux pas que vous puissiez livrer une confession sans le consentement de celui qui vous l'a faite.

PÈRE ENFANTIN : C'est ce que je veux faire disparaître aussi bien que toi-même ; mais réfléchis à l'état d'imperfection où nous étions. Je le répète, *tant que la femme ne sera pas au milieu de nous*, exerçant avec l'homme l'autorité, les limites dans lesquelles le pouvoir devra restreindre son influence sur les *individus* seront mal posées, le cercle de la *personnalité* sera trop resserré ou trop étendu; la seule *autorité* légitime est celle de l'*homme et de la femme*, car c'est la seule qui puisse donner la véritable *liberté*.

PÈRE MICHEL CHEVALIER (*à Transon*) : Tu trouves qu'il y a eu jusqu'à présent un grave abus dans le gouvernement Saint-Simonien; ce n'est pas là une raison pour te séparer de nous.

PÈRE DUVEYRIER : Il est très-vrai que la dignité, la personnalité humaine n'a pas été assez respectée. Mais évidemment, quelques efforts qu'ait pu faire le P. Enfantin pour se grandir, il lui a été impossible de réaliser tout ce que nous attendons de notre chef; *la femme n'étant pas là*. Le moyen le plus prompt de remédier à cet abus, c'est d'*appeler la femme*.

TRANSON : J'accepte complétement ce que vient de dire Duveyrier; mais je ne veux pas que l'on use de la confiance des hommes sans leur consentement. Je crois que le P.

Enfantin aurait et a très-bien fait de pousser à la confession publique ; mais le moyen qu'il a employé ne me paraît pas *une imperfection qui perfectionne.*

Jules Lechevallier : Je ne pense pas comme ranson ; ces confessions ont été faites au P. Enfantin par des hommes qui avaient accepté son autorité ; il avait le droit d'en faire ce qu'il voulait.

Pierre Leroux : Mon devoir, P. Enfantin, est de déclarer que votre doctrine n'a pas été approuvée par la majorité des membres du collége. Quant à moi, je m'y suis opposé de toutes mes forces, je ne reconnais plus votre autorité, et je m'éloigne. En proclamant la division trinitaire, en vous déclarant chef suprême avec Bazard et Rodrigues, chargés l'un de la science et l'autre de l'industrie, nous n'avons jamais entendu approuver la doctrine que vous professiez. Aujourd'hui vous l'avez exposée d'une manière très-obscure pour l'immense majorité des Saint-Simoniens.

Plusieurs voix : Non, non.

Pierre Leroux : Je dois déclarer que je ne partage pas cette doctrine, jusqu'ici restée secrète pour la plupart des Saint-Simoniens. Ce qui caractérise tout-à-fait l'époque nouvelle, c'est l'abolition de toute doctrine secrète, la mise à nu, devant tout le monde, de toutes les questions. Jusqu'ici vous avez été la loi vivante, vous avez gouverné les hommes tout-à-fait en vertu de la doctrine que vous aviez au fond du cœur : il est temps qu'elle soit connue. Vous avez commencé à l'exposer, tous sont appelés à l'examiner. Je crois que nous devons entrer maintenant dans une époque de liberté, où nous devons examiner avant de suivre l'enseignement d'un seul homme. Je vous déclare donc que je ne reconnais plus votre autorité, que je me retire de votre communion, j'examinerai à part moi les idées nouvelles.

Cazeaux, *s'adressant au père Enfantin :*

Il doit y avoir deux doctrines dans le monde, une incarnée

en vous, une autre dans le père Bazard. Nous appellerons aussi la femme à notre manière. J'admets entièrement votre doctrine, et je vous aime dans l'œuvre que vous accomplissez; mais je sens une autre œuvre et je marche : votre doctrine est une doctrine de déliement universel dans l'ordre politique, civil et moral, mais je veux préparer la doctrine du ralliement. A l'arrivée de la femme, les deux doctrines pourront, par une révélation, marcher ensemble; jusques là il faut qu'elles marchent séparées.

PÈRE ENFANTIN : Tu as foi que l'œuvre la plus importante est l'appel de la femme, sous deux formes?

CAZEAUX : La forme que vous avez présentée est éclatante, enivrante; je crois que nous devons en présenter une autre.

PÈRE ENFANTIN : Tu as dit qu'il y avait deux formes d'appel pour la femme, par conséquent deux modes de manifestation pour la doctrine. Mais tu as conclu de ce que la femme n'était pas là que ces deux modes de manifstation devaient être indépendans, isolés, séparés.

CAZEAUX : Il y a un fait nouveau à établir dans l'humanité. C'est le fait que nous tous, moi et ceux qui accompagnent le Père Bazard, et ceux qui vous accompagnent, devons établir. Ce fait, c'est précisément une harmonisation particulière entre les deux formes nouvelles.

PÈRE ENFANTIN : Tu dis que ces deux formes doivent rester désunies pendant tout le temps nécessaire pour appeler la femme, et que la femme les unira? Est-ce cela que tu penses?

CAZEAUX : Je ne peux pas exposer ici un système; je ne suis venu ici que pour PROTESTER : j'élève ma voix et je ne discute pas.

PÈRE LAURENT : Je crains que la manière dont *Leroux* a présenté la question n'entraîne quelques-uns à se méprendre sur le caractère de notre division. Il est très-vrai que, dans le collége, lorsque vous avez émis vos idées sur les relations de l'homme et de la femme, il y a eu une espèce d'émeute contre elles. Mais, ainsi que vous l'avez dit, ce n'est pas une loi, une doctrine que vous nous donnez; votre théorie ne doit être regardée que comme l'opinion d'un seul homme, et l'exagération même de ses termes n'a d'autre but que de laisser à la femme, entre ces termes et la loi chrétienne, assez de latitude pour trouver la limite véritable. Aussi lorsque le P. Bazard a voulu motiver sa séparation sur ce fait, de l'émission d'une pareille théorie, tous ceux qui vous suivent ont protesté de leur non-adhésion à vos idées. Mais en attendant la femme, vous nous appelez à concourir à votre œuvre, nous demandant toutes les inspirations de notre conscience, et toutes les ressources de notre intelligence, et nous venons. La première femme qui parlera ne sera pas infaillible; celle qui prononcera la première parole ne s'emparera pas de nous aussitôt. Ce ne sera ni la parole de l'esclave, ni celle de la femme licencieuse qui sera puissante; mais ce sera celle de la femme libre de tout lien *licencieux* et de tout lien *d'esclavage*. Et même, jusqu'au temps où elle viendra, nous avons, nous, une très-grande part à prendre dans la formation de la morale nouvelle; c'est pourquoi tous ceux qui ont foi à la morale Saint-Simonienne doivent rester pour concourir à sa formation. Car certes nous ne pouvons penser qu'après que nous avons une POLITIQUE NOUVELLE, nous ayons à conserver une MORALE ANCIENNE.

REYNAUD : Si je ne croyais pas le Père Enfantin plus grand qu'il ne s'est posé devant vous; si je ne croyais pas qu'il y a dans sa vie quelque chose de plus fort, de plus puissant, je me retirerais, je me vouerais, moi aussi, à la recherche de la vérité. La théorie que le Père Enfantin professe sur la femme n'est qu'un détail de l'ensemble de sa théorie sur l'humanité. Je crois que cette théorie abolit toute la liberté humaine. La femme vient à la suite. Il abjurerait la grandeur de sa mission s'il pouvait croire aujourd'hui que ses opinions seront influencées par les nôtres. Il croit évidemment que la femme viendra légitimer ce qu'il a le premier annoncé, et c'est pourquoi il marche la tête levée. Moi, j'ai foi que la femme lui écrasera la tête ; mais il faut attendre que la femme se lève, jusque-là ceux qui le suivront peuvent marcher. Eh bien! Je ne me retirerai pas, je serai sur ses pas, et lorsqu'il aura parlé devant vous, je parlerai à mon tour et je parlerai plus clairement que lui : je le montrerai tel qu'il est. Voici la mission que je me conçois. Avant que la femme ait donné la parole révélatrice de la nouvelle morale, nous avons un abîme immense qui s'ouvre devant nous : je chercherai à éclairer ceux qui n'auront pas la force de le franchir. Nous avons amené des hommes à la doctrine, c'est une responsabilité énorme pour nous. Je crains l'influence du Père Enfantin sur ces hommes, je resterai à côté de lui pour le leur montrer tel qu'il est.

PÈRE ENFANTIN : Reynaud lui seul conçoit la mission de haut protestantisme ; il me sent grand, il me sait grand, il me voit grand, il veut protester là où l'on doit protester, à côté ; il confirme le jugement que Transon a porté sur Bazard. C'est là que Bazard devrait être, au-dessus de Reynaud ; c'est là que Bazard accomplirait, bien mieux encore que Reynaud, la mission que celui-ci veut remplir.

Je te l'ai déjà dit, Reynaud, tu as à voir ma vie tout entière et à la signaler. Tu as à dire quel est ce monde dont tu parlais l'autre jour, ce monde de boue. Ce monde! c'est l'homme qui fait marcher aujourd'hui l'humanité. Tu dois me sentir ainsi, jusqu'à ce que la femme te dise QUI JE SUIS ; jusque-là tu ne le sais pas. Chaque fois que nous serons en présence de la famille Saint-Simonienne, chaque fois même que tu sentiras qu'en présence du public tout entier, tu as à PROTESTER contre un acte de mon autorité, tu le feras.

REYNAUD : Je ne crois pas que vous puissiez réaliser ce monde de boue ; vous ne trouverez pas, pour le réaliser, des hommes comme vous; *je ne sais d'où vous êtes*, mais vous pouvez tromper les hommes, et c'est pour empêcher qu'ils ne soient trompés que je vous montrerai *tel que vous êtes*. Vous avez dit que, jusqu'à ce que la morale nouvelle fût révélée, on devait marcher avec la morale chrétienne. Vous adoptez donc la morale chrétienne comme pratique, et votre immoralité comme théorie.

PÈRE ENFANTIN : Tu sais ce que j'ai dit hier : j'en appelais aux hommes forts qui n'aiment pas l'infaillibilité ; je t'ai dit que, si tu croyais à l'immoralité du chef, il y avait une seule méthode pour l'empêcher, c'est que tous ceux qui l'entouraient prononçassent hautement la volonté que j'ai manifestée tout à l'heure. J'ai dit que je regardais comme immoral tout membre de la doctrine qui commettrait dans sa vie actuelle un acte réprouvé par la morale chrétienne ou plutôt par les mœurs actuelles, car il n'y a pas plus de morale chrétienne aujourd'hui qu'il n'y a de prêtres chrétiens ; j'ai dit que je regarderais un tel acte, de la part de celui qui le commettrait, comme plus insultant pour moi que jamais n'a pu l'être parole sortie de ta bouche.

REYNAUD : Votre théorie enlève à l'homme sa dignité et sa conscience.

PÈRE ENFANTIN : J'en appelle au sentiment de ceux qui m'aiment et à la raison de ceux qui ne m'aiment pas : tu ne m'as pas compris. Tu crains les *fautes* du pouvoir, et tu le *soupçonnes* ; mais, avec la foi que nous avons qu'il n'y a plus d'infaillibilité sur la terre, c'est une folle prétention que de dire que le chef de la doctrine est en suspicion parce qu'il pourrait faillir.

REYNAUD : Vous dites que la morale Saint-Simonienne ne pourra être conçue que par l'homme et la femme ; la femme n'est pas venue et nous attendons la morale. Or, une association qui attend une morale peut bien se soutenir quelque temps avec les traditions de sa moralité ancienne ; mais tôt ou tard elle tombera dans l'immoralité. Je dis donc que cette association tombera dans l'immoralité, si la femme n'arrive pas demain ou après-demain ou du moins à une époque assez rapprochée. Le temps, nous ne pouvons le fixer; mais la marche de l'association sous votre direction, c'est la tendance à l'immoralité. Nous ne pouvons être, jusqu'à l'arrivée de la femme, qu'à l'état apostolique.

PÈRE ENFANTIN. Après que j'ai déclaré quelle était la conduite que je demandais à tous les hommes qui restent avec moi, conduite dont je veux leur donner l'exemple, tu ne saurais affirmer que la voie dans laquelle nous entrons est une voie d'immoralité. D'ailleurs le crois-tu? Je tiens à ce que tu répondes formellement.

REYNAUD : J'ai déjà répondu que je ne croyais pas que vous vous montrassiez tel que vous êtes : non, vous ne vous êtes pas montré tout entier.

ENFANTIN : Tout entier, non : j'ai répondu tout à l'heure à *Leroux* que j'avais à continuer l'enseignement commencé, à développer ici ce qui a fait, pendant cinq mois, l'objet des travaux du Collége, et je ne puis le faire que successivement.

CÉCILE FOURNEL: Ma voix sera bien faible après toutes celles qu'on a entendues : je dois déclarer devant tous que je repousse la théorie qu'on a commencé à vous exposer ici avec une enveloppe très-épaisse, quoi qu'on en dise ; je la repousse et, en la repoussant, je repousse celui qui la professe, qui veut la répandre, persuadé qu'elle est morale alors qu'elle ne l'est pas. Je dis que toutes les femmes qui m'entendent, qui me connaissent, doivent savoir que, pour avoir repoussé cette théorie, depuis cinq mois qu'elle est produite au Collége, il faut que j'aie bien senti qu'il y avait en elle quelque chose de bien profondément immoral, et j'espère faire partager mes craintes, faire connaître le danger qu'elles courent aux femmes sur lesquelles j'aurai encore quelque influence.

Quelques voix de femmes dans les tribunes : Oui, oui !

FOURNEL : Enfantin a exposé sa théorie d'une manière très-obscure, et il n'a pas tout dit : vous avez bien des choses à apprendre.

PÈRE ENFANTIN : Vous les apprendrez ; je n'ai jamais craint de les dire au collége. Vous en êtes sûrs, je dirai tout ; je n'ai rien à cacher.

FOURNEL : Il est très-vrai qu'au collége tout a été dit : Nous savons tout.

PÈRE ENFANTIN : Ils sauront tout, mais je veux qu'ils le sachent par moi ; je veux le dire à ma manière, qui est meilleure que la vôtre.

FOURNEL : Je ne doute pas que tout le monde ne connaisse bientôt la chose parfaitement, aussi je m'occupe fort peu de chercher en ce moment des membres individuellement pour la leur apprendre ; je n'ai communiqué mes idées qu'à un ou deux. Je pense qu'après avoir posé une doctrine, quelque recommandation que vous fassiez pour ne pas la suivre, il est difficile qu'on ne cherche pas à la réaliser. Je ne sais pas ce que la femme retranchera de ces théories, mais je suis convaincu que la femme de l'avenir, la femme qui doit être à la tête de la doctrine, les reniera comme je le fais à présent.

PÈRE ENFANTIN : Il faut s'expliquer franchement ; vous avez dit qu'il était difficile que la théorie et la pratique ne fussent pas d'accord ; or, je vous demande si ma théorie précisément n'est pas que les idées que je présente sur la femme ne peuvent être ni obligatoires, ni *pratiquées* en ce moment. Voici ma *théorie* : c'est que tout homme qui voudrait *pratiquer* ou faire pratiquer des idées nouvelles sur les relations de l'homme et de la femme n'est pas Saint-Simonien.

Guéroult : Père Enfantin, le débat se passe entre vous et quelques membres du collége ; il est impossible aux spectateurs de porter un jugement.

PÈRE ENFANTIN : Plus tard tu sentiras qu'il n'y a ici ni *débat* pour moi, ni *jugement* pour d'autres que moi.

FOURNEL : Vous avez dit que depuis long-temps vous étiez d'avis d'appeler la femme, et que Bazard avait semblé s'y refuser. Je ne sache pas, pour mon compte personnel, qu'il y ait eu discussion sur ce point. Bazard a pensé qu'en présence d'un monde en lutte avec nous, la voie de l'apostolat était celle qui nous convenait ; il a cru que dans cet état il valait mieux que la doctrine fût gouvernée par des hommes que par un homme et une femme.

PÈRE ENFANTIN : Si Bazard et vous aviez désiré, comme moi, appeler la femme, vous auriez su lui dire, avant moi ou en même temps que moi, une parole nouvelle. Mes idées comprennent les vôtres, et encore d'autres que les vôtres ne comprennent pas. J'ai donné la loi de tous les amours qui peuvent s'exprimer par des hommes ; c'est lorsque la femme connaîtra cette parole de l'homme qu'elle pourra répondre ; tandis que vous, vous n'exprimez que l'une des formes de l'amour de l'homme, moi, je les exprime toutes.... Je ne dis pas que j'exprime l'amour de la femme.

FOURNEL : Vous n'exprimez pas non plus l'amour de l'homme, vous ne le connaissez pas.

PÈRE BARRAULT : Malgré la douleur que j'éprouve de voir la résolution prise par plusieurs membres du collége de se séparer du P. Enfantin, dont ils avaient d'abord accepté la haute paternité, j'éprouve le besoin de faire connaître à la famille St-Simonienne que ceux qui se séparent maintenant avaient, il y a huit jours, déclaré qu'ils adhéraient entièrement au *P. Enfantin*. Je le déclare ici bien hautement, je n'avais jamais cru à l'adhésion franche des membres du collége, qui acceptaient la paternité du *P. Enfantin*. La conduite de Fournel et de quelques autres membres, relativement aux degrés inférieurs, me paraissait ressembler à de la diplomatie. Ils font aujourd'hui ce qu'ils auraient dû faire dès le premier jour, ils se rallient à Bazard. Qu'ils protestent donc en dehors, puisqu'ils ne se sentent pas le courage de le faire en dedans.

Pour moi, les idées du Père Enfantin sur les relations de l'homme et de la femme m'ont jusqu'ici répugné, mais le Père Enfantin a toujours été, à mes yeux, la vie de la doctrine; c'est pourquoi je me suis rallié à lui. Ce n'est pas sans une vive douleur que j'ai vu Transon, le porte-bannière de la doctrine, à côté duquel j'ai marché, se séparer de nous. Non, Transon, ta place est auprès du P. Enfantin, auprès de moi. Je t'ai senti, tu ne saurais nous quitter, car tu es religieux; tu ne suivras pas Jules, car Jules a dit que la doctrine est à l'état de faillite, de liquidation. Tu voudrais nous quitter! non, tu ne le pourrais pas, tu aimes les ouvriers, les petits-enfans, ceux qui souffrent. Tu viendras avec le Père Enfantin, car il nous porte dans son cœur, il veut *réaliser* la doctrine, et non pas faire du *mysticisme* philosophique. (Bravo, bravo, applaudissemens.)

FOURNEL : Le mot *déloyauté* a été prononcé : je m'en étonne quand on peut offrir à tous une vie comme la mienne.

PÈRE BARRAULT : Oui, tu as été grand, toi et ta femme; mais vous deviez, il y a huit jours, faire ce que vous faites aujourd'hui, et ne pas prévenir la publicité que le Père Enfantin avait le droit de donner seul à ses idées, vous qui aviez accepté sa paternité.

FOURNEL : Si j'ai accepté le Père Enfantin il y a huit jours, c'est que j'ai voulu donner jusqu'au bout la preuve que je voulais éviter, par tous les moyens imaginables, une scission qui était flagrante; et dès-lors je déclarai au Père Enfantin, en ta présence, que je ne me sentais plus en position de continuer la direction qui m'était confiée.

PÈRE BARRAULT : C'est le lendemain du jour où j'ai été obligé de porter cette accusation contre toi en présence du second degré.

JULES LECHEVALLIER : Je prie d'établir une délimitation entre ceux dont Barrault vient de parler et moi.

TRANSON revient encore sur l'abus qu'il accuse le P. Enfantin d'avoir fait de la confession secrète.

PÈRE ENFANTIN : En effet, j'ai pu et j'ai dû blesser certaines individualités, mais, ainsi que je l'ai déjà dit, cela tient à l'état encore incomplet du pouvoir, à l'*absence de la femme*. D'ailleurs, quand j'ai reçu les confessions, j'ai dit que j'en ferais ce que je voudrais et que je les emploierais selon l'utilité sociale, et dans l'intérêt véritable des individus eux-mêmes ; je l'ai fait.

DUVEYRIER. Je reste auprès du P. Enfantin, parce que je crois que tous les défauts dont moi et plusieurs personnes avons souffert tiennent à ce qu'*il n'a pas de femme à côté de lui* : de là défaut de dignité, langage léger, impossibilité d'agir d'une manière qui paraisse franche. Cependant j'ai la conviction que pas un de ses actes n'a été un acte individuel, d'égoïsme. Tous ses actes ont été sociaux, religieux, généraux, marchant à un but qui nous intéresse tous. Ses défauts ne sont que l'expression de ce fait, savoir : qu'il n'y a pas encore parmi nous la loi de *Convenance*, de *pudeur*, de *fidélité*, en un mot, la loi que la femme est plus particulièrement propre à apporter. J'acclame à la manière dont le Père Enfantin a posé les termes pour appeler la femme. C'est donc avec joie que je déclare devant vous que je communie avec le Père Enfantin, et que je souffrirais horriblement moi-même de tout acte qui enfreindrait les habitudes morales du monde que nous voulons convertir à nous. Je dois dire à Reynaud que, quoique je n'envisage pas d'une manière très-nette l'avenir, cependant j'y vois déjà mieux et plus loin que je n'y voyais depuis long-temps. Je suis convaincu que la morale se présentera sous trois formes, l'une d'elles reliant et comprenant les deux autres.

LEROUX : J'expliquerai les motifs de ma conduite : je sors.

CARNOT : Je ne sais pas faire de mysticisme, et séparer la conduite des hommes des idées qu'ils professent. Je repousse les idées et l'homme qui les professe. L'appel du Père Enfantin est immoral : il tend à la promiscuité : ce n'est pas une loi nouvelle, c'est la négation de la loi chrétienne. Je déclare qu'Enfantin n'est pas plus Saint-Simonien dans l'ordre moral, que les partisans de la loi agraire dans l'ordre civil. Je vais là où est la doctrine, où l'on conçoit une œuvre de réédification. Quelqu'un a prononcé le mot *déloyauté* ; je suis étonné de l'avoir entendu dans cette enceinte; je suis prêt à faire en public la confession de ma vie entière, je n'ai pas un jour à en retrancher ; que ceux qui peuvent en dire autant le fassent comme moi.

DUGIED : Ce que Carnot vient d'exprimer est mon opinion. Tout ce qu'il y avait en nous, de force, de fortune et d'avenir, nous l'avons consacré à une œuvre de reconstruction ; la théorie d'Enfantin n'est autre chose que la dissolution ; je ne m'y associe pas.

Guéroult : Nous sommes le premier public, il est bon que nous soyons éclairés, afin de savoir si l'on nous trompe et si nous ne sommes que des instrumens.

CARNOT : Nous déclarons que la doctrine n'est pas ici.

PÈRE TALABOT : Il est juste que celui qui un des premiers a porté la parole de l'apostolat ait une parole toute particulière à dire. Eh bien ! je vous déclare que cet homme (montrant le Père Enfantin) est le chef de l'humanité.

La femme est aujourd'hui esclave : une esclave ne peut dire toute sa pensée ; elle doit être provoquée à s'expliquer librement

(*S'adressant aux dissidens* :) Vous n'avez pas mission religieuse à accomplir, car vous continuez l'exploitation de la femme, vous ne pouvez pas lui donner la parole libre. Reynaud peut insulter, souiller de boue notre P. Enfantin; moi j'ai la confiance que cet homme porte l'humanité dans son sein, et je sens qu'en marchant avec lui, je la porte aussi.

Il est étonnant qu'après avoir entendu pendant six mois le Père Enfantin exposer sa doctrine dans le collége, on puisse la taxer de promiscuité.

DUGIED : C'est une erreur de dire que depuis six mois on nous enseigne cette doctrine secrète. C'est nous qui l'avons obtenue à force d'inductions et de demandes d'explications.

PÈRE ENFANTIN : Depuis dix-huit mois Bazard et Rodrigues la connaissaient; et Bazard s'est long-temps opposé à ce qu'elle fût livrée au collége. Carnot vient de dire que ma doctrine est la promiscuité, je m'étonne de voir ainsi travestir mes idées.

CARNOT : Votre doctrine est la réglementation de l'adultère.

PÈRE ENFANTIN. Jamais cette doctrine n'ira à l'adultère; l'adultère n'a lieu que parce qu'une nature est écrasée par l'autre; les idées que j'avance viennent donc, au contraire, prévenir l'adultère.

DUGIED : C'est vrai, il n'y a plus d'adultère, car le vice est réhabilité, réglementé. Ce n'est que de cette manière qu'on peut dire qu'il n'y a plus d'adultère. Vous en jugeriez facilement si l'on vous enseignait d'abord les principes généraux sur lesquels reposent toutes ces idées.

PÈRE ENFANTIN : Chacun enseigne, *dans le monde*, d'après la méthode qui lui semble bonne, je prie qu'on me laisse exposer ICI mes idées comme je le croirai convenable.

DUGIED : On nous a demandé pourquoi nous nous retirions; nous avons voulu exposer nos idées, on ne l'a pas souffert.

PÈRE TALABOT : Comment peux-tu dire des choses qui feraient penser que des hommes que tu as aimés et que tu aimes encore sont des hommes abominables? je te demande à toi. Carnot, si nous pouvions vous laisser continuer d'exposer vos idées, comme vous avez commencé à le faire.

DUGIED : Nous ne pouvons accepter une discussion dont on nous imposerait les termes; nous nous retirons.

TRANSON : Vous n'êtes pas libres d'empêcher aujourd'hui le Père Enfantin d'exposer ses idées : vous exposerez les vôtres au fur et à mesure que le Père Enfantin aura communiqué les siennes.

Duguet : Dugied, vous avez été un de ceux qui ont exercé le plus d'influence sur moi pour m'amener à la doctrine; vous ne devez pas m'abandonner; ce n'est pas à moi d'aller vous chercher; c'est à vous de ne pas me quitter.

Je ne suis pas en position de répéter l'accusation de déloyauté qu'on a portée contre vous; mais je dis qu'au moment où l'on dit qu'il peut s'ouvrir un abîme sous nos pas, il y a de la lâcheté à se retirer.

FOURNEL : Lorsque des hommes ont livré leur vie entière à l'humanité, nul, à aucun instant, n'a le droit de les traiter de lâches.

PÈRE LAMBERT : Je suis depuis long-temps dans une position particulière, j'ai besoin de l'expliquer en peu de mots; je ne connais encore que d'une manière imparfaite les idées du Père Enfantin. C'est pourquoi il ne m'est pas possible de les juger. Je reste dans la doctrine, car je ne puis penser que nous soyons arrivés à l'état d'apostolat pour être isolés plus que jamais; au contraire. Par goût, je n'ai jamais pu travailler à une œuvre quelconque sans être hiérarchisé, et je ne le pourrai jamais. Le Père Enfantin a promulgué la morale provisoire qui doit nous conduire jusqu'à la venue de la femme; s'il n'y satisfait pas lui-même, il abdique. Je reste dans la même position, par rapport aux théories du Père Enfantin, que Reynaud : j'attends que la femme vienne qui dira de ces théories ce qu'elle pense, ou, comme le dit Reynaud, qui écrasera la tête du Père Enfantin. Je reste et je demande aux membres qui se retirent et à ceux qui demeurent, la continuation de leurs relations fraternelles.

Fournel. Je ne conçois pas comment des liens si étroits pourraient être brisés.

Guéroult. Je pense que tous les membres du collége ont agi avec loyauté, et je déclare que les membres du deuxième degré veulent prendre un parti ; laissons donc le Père Enfantin expliquer toute sa *théorie* avant de discuter.

PÈRE ENFANTIN : Guéroult, tu ne comprends pas le FAIT VIVANT qui se passe devant tes yeux, autrement tu sentirais combien est utile la discussion actuelle pour connaître les hommes qui sont tes pères. Tu es trop désireux de *théorie*, de *discussions*, d'*idées*, d'*explications*; tu demandes de la *science*, quand tu as devant toi LA VIE ; dans ce qui se passe est l'enseignement véritable de la doctrine.

Baud. Je supplie, au nom de Dieu, les membres du collége dissidens de rester jusqu'à la fin.

Fournel : Je déclare que mon intention est de satisfaire le désir de Baud, j'assisterai à la discussion jusqu'à la fin.

Carnot : Moi, je viendrai ; mais à la condition que l'on posera d'abord les questions générales, fondamentales, les questions d'*autorité* et de *liberté*.

PÈRE ENFANTIN : En venant ici, je dois faire l'enseignement comme je l'entends, à ma volonté ; on sera libre ensuite de me répondre.

Dugied : Je ne peux admettre un tel état de discussion, il faut que l'on pose d'abord la question *générale*, la *loi vivante*, la question d'*autorité* et de *liberté*. Les questions relatives à l'homme et à la femme seront résolues quand les premières le seront ; je n'admets la discussion qu'à cette condition : d'abord, la question fondamentale.

Cazeaux : Le père Bazard doit écrire ce qui a causé ses déterminations, et refuse de venir ici ; il croit que la forme qu'il veut prendre est la meilleure pour ramener l'unité ; je me retire. (*Cazeaux sort.*)

PÈRE LAURENT. Cazeaux me paraît être le seul des dissidens qui ait bien compris la position actuelle. Il faut que cet état anormal cesse. Les membres dissidens doivent se retirer s'ils ne reconnaissent pas le Père Enfantin comme chef, comme père. Je ne conçois pas un tel mode de discussion ; c'est un duel qui ne doit pas exister.

PÈRE ENFANTIN : Il y a dans ce qui se passe un enseignement pour l'avenir. Voyez quelle anarchie parmi les dissidens! Lambert proteste et reste néanmoins avec nous; Dugied et Carnot donnent une règle pour la discussion; Fournel consent à rester sans en donner aucune; Jules est de l'opinion de Laurent sur la discussion, et il n'a foi ni en moi ni en Bazard. Quoi que ce qui se passe maintenant soit pour tous d'une grande utilité, je désire qu'on en finisse au plus tôt. Nous recommencerons encore lundi, mais si nous continuions à batailler ainsi, les ouvriers mourraient de faim, et les enfans que nous avons adoptés seraient délaissés. Le fait évident, c'est qu'il y a des hommes qui doivent se tenir momentanément à l'écart, et se reposer.

Il est cinq heures la séance est levée.

DEUXIÈME SÉANCE.

LUNDI 21 NOVEMBRE 1831.

PÈRE ENFANTIN :

Cazeaux, tu m'as prévenu que tu avais quelque chose à dire.

CAZEAUX : Je viens déclarer ici, au nom de tous ceux de mes frères qui accompagnent le Père Bazard, Claire Bazard, Dugied, Carnot, Cécile, Fournel, Leroux, qu'ils ne peuvent pas assister à cette séance, parce qu'ayant cessé d'être en communion avec le Père Enfantin, leur position ici n'est pas convenable pour exposer leur sentiment. Du reste, toute leur vie, tous leurs efforts seront consacrés à vous exposer ces sentimens, et vous les trouverez toujours prêts à vous répondre.

Fournel : Vous savez tous à quel titre j'assiste à cette réunion : dans la dernière séance plusieurs membres du second et du troisième degré se sont plaint de ce que nous les abandonnions. Ils ont pensé que l'exposition des idées nouvelles, qui doit leur être faite, pourrait bien être incomplète ou obscure ; ils ont considéré comme une garantie pour eux la présence de quelques-uns de ceux qui rejettent ces idées. C'est là la raison qui fait que je me trouve ici.

Père Laurent. D'après la déclaration faite par Cazeaux au nom de tous ceux qui suivent le Père Bazard, je ne conçois pas la présence de Fournel parmi nous, à l'état de protestation.

Fournel : Je suis prêt à me retirer.

PÈRE ENFANTIN : Sentez-vous votre position?

Fournel : Ce que je sens, c'est que j'ai besoin d'un entretien avec vous.

PÈRE ENFANTIN : Vous l'aurez.

Une voix. Nous réclamons la présence du P. Fournel parmi nous.

Plusieurs voix. Oui, oui. — Non, non.

PÈRE ENFANTIN : Reste Fournel, reste.

Saint-Chéron : Je désire me retirer de la hiérarchie actuelle et motiver ma retraite.

PÈRE ENFANTIN : Nous ne pouvons entendre les protestations de tout le monde. Nous avons écouté les protestations les plus capitales, celles qui justifient toutes les autres. Ce qu'il nous importe à présent, c'est de déterminer au plus vite ce qu'est la doctrine. Notre vie n'est pas une vie de discussion, de bataille entre nous : elle doit être nette, franche et active. Nous ne pouvons nous arrêter à des discussions interminables. Rappelez-vous que nous avons mis dix-huit mois, Bazard, Olinde et moi, à traiter ces questions; si je pouvais avoir la pensée de recommencer à les élaborer moi-même, à les développer devant vous et avec vous, jusqu'à la satisfaction complète de chacun d'entre vous, je ne serais pas votre chef, je ne saurais pas ce que c'est que de conduire des hommes, je perdrais mon temps et je vous ferais perdre le vôtre, nous ne marcherions pas. Déjà j'ai réuni les différens degrés séparément, et nous avons répondu aux demandes de chacun. Vous avez pu, tous aussi, approcher et interroger les membres du Collége, qui, depuis six mois, sont au courant de toute la discussion. Il me reste à former autour de moi, le plus promptement possible, des enseigneurs qui puissent vous enseigner à vous-mêmes et au monde tout ce que je sens d'avenir pour l'humanité. Ce n'est qu'ainsi que je serai votre chef, votre père, et que je vous ferai marcher.

Nous avons à constituer dans le sein de la doctrine une nouvelle hiérarchie, car le sommet de la hiérarchie est changé. Nous avons à annoncer au monde une nouvelle politique; le caractère de notre apostolat n'est plus le même. Nous avons enfin à faire un appel que jusqu'à présent nous avons laissé dans l'oubli, l'appel de la femme, et pour cela il nous faut dire des choses nouvelles aux hommes et aux femmes.

L'impatience que plusieurs d'entre vous ont manifestée, que vous éprouvez tous à titres divers, d'arriver à la connaissance entière de tout ce qui s'est passé entre nous, de tout ce qui nous a occupé depuis six mois, cette impatience est légitime. Et cependant les mêmes raisons qui nous ont fait garder dans le sein du Collége, et élaborer au milieu de lui, des questions que nous nous sommes réservé de vous exposer à une époque plus éloignée, ces mêmes raisons subsistent encore, avec cette différence que vous avez aujourd'hui tous les termes généraux sur lesquels l'élaboration chez vous, entre vous et avec nous peut se faire. Vous êtes initiés à la direction nouvelle que va prendre la doctrine.

Vous êtes initiés à la volonté que nous avons de constituer par notre apostolat l'appel de la femme, et c'est là le point important qui doit maintenant nous réunir.

Mais pour confirmer encore davantage la nécessité de cette marche prudente que je viens de vous signaler, j'ai besoin de remettre devant vos yeux une chose fort oubliée depuis quelque temps.

Nous avons dit souvent que la doctrine Saint-Simonienne était la doctrine de CE QUI EST ; que nous étions les hommes du PROGRÈS : que nous ne nous attachions que secondairement à CE QUI FUT et à CE QUI SERA, parce que nous voulons VIVRE et que la vie, c'est le PRÉSENT. Depuis quelques jours, par un effort d'esprit, beaucoup d'entre vous ont oublié la doctrine, beaucoup d'entre vous ont cru qu'il était possible d'hésiter, de rester dans le DOUTE entre deux chefs, peut-être même à l'égard de la doctrine tout entière. Or, ces positions diverses doivent cesser un jour, nous devons nous employer à les faire cesser. Mais ce qu'il y a de certain, c'est que nous ne pouvons considérer aucune des personnes qui se trouveraient dans un pareil état comme étant dans l'ordre apostolique que nous accomplissons.

Nous ne sommes pas des chefs de clan, des présidens de club ; nous nous sommes nommés vos pères, nous vous avons donné une vie nouvelle ; nous vous avons attachés à nous, parce que nous nous sommes attachés à vous. Mais celui qui DOUTERAIT de cet amour que nous avons pour lui serait dans une position fausse pour nous aider à faire tout ce que nous aurons à réaliser.

Il est bien, sans doute, que celui-là attende de nous les éclaircissemens qui peuvent lui faire espérer qu'un jour il se rapprochera de nous; et nous-même, il est de notre devoir de lui donner ces éclaircissemens qui pourront le ramener à nous.

Mais l'enseignement dont vous avez besoin ne peut se faire aujourd'hui que sous la forme d'une nouvelle hiérarchie ; vous avez besoin d'être reclassés, réorganisés ; vous avez besoin surtout que je fasse sentir au milieu de vous la réalisation de la parole d'appel que j'ai promise aux femmes. La réorganisation de notre hiérarchie exige donc toute mon attention.

Or, voici ce que dès aujourd'hui j'ai à vous dire :

Je vous ai annoncé, la dernière fois, en posant les premiers termes de l'appel de la femme, que j'avais eu pour but de laisser entre ces termes et ceux de la loi chrétienne une marge assez vaste pour que la femme, se présentant à nous, pût nous parler librement et sans rougir de ses désirs pour l'avenir, de sa volonté, de sa foi ; et je vous ai dit en même temps que, parlant ainsi au milieu de vous, je savais tout ce qu'il y avait d'obligation pour vous à présenter au monde le spectacle d'une conduite qui lui donnât un gage de notre moralité à tous, un gage éclatant de notre volonté de perfectionner tout ce qui est, et non de rétrograder vers ce qui fut.

Je vous ai dit que je regarderais comme la preuve de désaffection la plus grande qu'un de mes enfans pût me donner, comme une injure faite à mon caractère de Père, tout acte d'un Saint-Simonien qui serait de nature à être réprouvé par les mœurs et les idées morales du monde qui nous entoure.

J'ai ajouté, pour aller au devant de la susceptibilité ombrageuse qui ne permet pas encore à un Père, au chef de l'humanité nouvelle, de demander quelque chose pour lui, sans qu'il explique en même temps que faire quelque chose pour lui, c'est faire quelque chose pour le monde; j'ai ajouté que c'était dans l'intérêt de la DOCTRINE aussi bien que pour MOI, que je repoussais comme immoral tout acte d'un Saint-Simonien qui serait de nature à blesser les opinions morales du monde.

En m'exprimant ainsi, je vous ai préparés à nous voir apparaître bientôt sous une forme nouvelle; nous n'avons pas été JUGES encore au milieu de vous; nous n'avons pas dit qui était mal, qui était bien ; nous n'avons pas condamné, approuvé. Nous entrons dans une voie où la JUSTICE sera MALE.

Nous avons autour de nous, en ce moment, des hommes qui ont vécu de notre vie, et qui pourtant vont se retirer ou se sont déjà momentanément retirés de nous. Nous avons parmi nous des hommes qui vivent de notre vie, et qui peut-être bientôt devront se retirer de nous ; en d'autres termes, l'œuvre *théorique* que nous venons d'accomplir a eu besoin de certaines puissances, qui se trouvent à cette heure réduites à l'infirmité ; l'œuvre *pratique* que nous allons commencer exigera une force morale, qui ne permettra pas à tous de nous suivre dans notre apostolat : œuvre sainte, qui nous placera devant le monde avec une foi que tous ne peuvent point *porter*. Notre vie d'apôtre qui va nous faire recevoir de ce monde bien des injures, bien des calomnies ; notre vie d'apôtre exige aussi une prudence que vous ne m'avez pas connue encore, et que vous trouverez en moi. J'ai dit, lorsque le changement de la hiérarchie s'est opéré, qu'à ces éperons avec lesquels j'avais poussé la doctrine, je saurais bien substituer une bride dans l'occasion. Le moment est venu. Il y a des hommes qui n'ont pas pu aller assez vite : ils sont restés. Il y aura des hommes qui voudront aller trop vite, ils resteront.

Je vous ai dit que je n'étais pas pour vous un président d'assemblée, ni même un tuteur, un enseignant ; que je n'étais pas même un prêtre ; je suis le père de l'humanité ! je sais ce qu'aujourd'hui nous avons à accomplir, car je vous ai amenés où vous êtes aujourd'hui, et je suis devant vous A LA PREMIÈRE PLACE. Nous nous sommes dits religieux jusqu'ici, et nous avons répété des leçons d'histoire, et nous avons parlé de Jésus, de Saint-Paul, des premiers pères de l'église chrétienne, en les saluant de notre admiration. Nous nous sommes mis quelquefois à leur propre place, et nous nous sentions grandir en retournant ainsi en arrière ; et moi, je me sens grand en votre présence, et j'ai besoin de voir en vous quelque chose qui m'annonce que nous marchons ensemble. J'ai besoin de sentir que tout ce qui m'entoure a foi en moi, je ne peux pas le sentir aujourd'hui ! je vous vois trop mêlés, trop incertains, trop faibles, vous doutez trop encore, vous n'avez pas de foi, je ne suis pas votre père à tous. Cazeaux l'a senti, et il est venu me dire que ceux qui protestaient se retiraient : eh bien ! si quelqu'un proteste ici contre l'autorité que 'assume en moi, qu'il se retire.

Plusieurs voix: Oui, mais nous voulons protester

D'autres voix : Laissez-nous continuer, vous protesterez où vous voudrez.

Une voix : Il faut que l'on sache pourquoi nous protestons, et nous demandons à le dire.

Une voix : Il y aurait mauvaise intention de votre part si vous continuiez à troubler notre enseignement.

(*Plusieurs demandent, avec plus ou moins de vivacité, à protester; ils se récrient contre l'empêchement qu'on y met.*)

Charton : Nous ne pouvons nous retirer sans exposer les motifs de notre protestation.

PÈRE ENFANTIN : Tu remplirais en ce moment une mission fâcheuse, ce serait un appel au désordre. Si tu veux instruire chacun des motifs de ta retraite, convoque-les chez toi, fais comme ton Père Bazard, comme Cazeaux.

Guéroult : Je vous demande la permission de rester tant que je n'aurai pu expliquer mes motifs.

(*La séance est encore quelques instans troublée par les réclamations des protesians.*)

JULES LECHEVALLIER : Je n'ai qu'une chose à dire pour expliquer ma présence. Après que j'ai eu exposé ma véritable position au P. Enfantin, il m'a dit que je pouvais assister à cette séance. Après la déclaration que vous venez de faire, je sens que je dois me retirer; je sens que je porte en moi une espérance nouvelle que j'annoncerai à tous; je suis toujours fidèle à mon passé que j'ai accepté comme tradition, toujours fidèle à l'avenir que je me sens, j'ose le dire, la puissance de préparer.

PÈRE ENFANTIN : Jules, tu es en effet trop *logicien*, tu as été trop fort *raisonneur* jusqu'à présent pour ne pas *comprendre*, en ce lieu, ta position.

JULES LECHEVALLIER : Vous êtes à la tête d'une société à laquelle je n'appartiens plus par les mêmes liens qu'autrefois, cependant je vous écouterai le plus souvent que je pourrai.

Charton : Il y a ici des hommes que j'ai amenés à la doctrine; j'ai besoin de leur dire les motifs de ma conduite. Comment voulez vous que je puisse jamais les leur faire connaître aussi bien que je le pourrais en ce moment?

PÈRE ENFANTIN : Nous vous donnerons la salle un jour si vous voulez, mais nous ne pouvons passer l'année entière dans des discussions semblables, nous ne marcherions pas.

PÈRE RODRIGUES : Le monde nous attend.

Guéroult : Notre personnalité se trouve assez engagée dans ce qui se passe ici, pour que notre demande ne vous doive pas paraître exagérée.

Charton : Nous devons à ceux à qui nous avons enseigné la doctrine de leur prouver que ce n'est pas acte de protestantisme, mais acte d'apostolat que nous faisons.

PÈRE LAURENT : Si vous avez enseigné quelques hommes, c'est nous qui vous avons enseignés vous-mêmes.

PÈRE ENFANTIN : Vous avez un lieu très-commode pour donner ces explications, c'est chez Bazard; réunissez-vous autour de lui.

Maurize : Je ne suis pas avec Bazard, je suis seul, je cherche ma doctrine.

PÈRE ENFANTIN : C'est, de toutes les positions, la plus pénible. Je demande à Charton, à Guéroult et aux autres de se grouper autour de Bazard, vous ne pouvez qu'y gagner et y faire gagner la doctrine..

(*Un protestant demande également à dire les motifs de sa protestation.*)

PÈRE RODRIGUES (*s'adressant à lui*) : Vous êtes chef d'arrondissement, tous les arrondissemens d'ouvriers vont être constitués, je vous y attends si vous êtes Saint-Simonien ! (*Bravo! bravo!*)

PÈRE LAURENT : Il m'est arrivé un jour de douter; j'ai adressé alors aux deux chefs suprêmes de la doctrine mes réclamations, mais je me suis bien gardé de troubler pour cela le cours ordinaire des enseignemens et des prédications.

Guéroult et FOURNEL : La position était différente.

Charton : Je crois qu'il n'y a pas de doctrine ici, qu'il n'y a qu'une hérésie.

PÈRE BARRAULT : La doctrine est ici.

PÈRE RODRIGUES : Quand notre père suprême aura achevé ce qu'il a à vous dire, je me lèverai et je répondrai à ceux qui peuvent dire que la religion Saint-Simonienne est ailleurs que là où je suis.

Charton : Je désire au moins exprimer, en me séparant de vous, l'espérance que ce ne sera que pour un temps, car j'ai la conviction que nous serons bientôt réunis. (*Applaudissemens.*)

(*Après quelques paroles encore, les protestans se retirent.*)

PÈRE ENFANTIN : L'homme et la femme, voilà l'individu social ; mais la femme est encore esclave, nous devons l'affranchir. Avant de passer à l'état d'égalité avec l'homme, elle doit avoir sa liberté. Nous devons donc réaliser, pour les femmes Saint-Simoniennes, cet état de liberté, en détruisant la hiérarchie jusqu'ici constituée pour elles aussi bien que pour les hommes, et en les faisant rentrer toutes dans la loi de l'égalité entre elles. IL N'Y A PLUS DE FEMMES DANS LES DEGRÉS DE LA HIÉRARCHIE. Notre apostolat, qui est l'appel de la femme, est un apostolat d'hommes. L'homme aujourd'hui peut être classé, parce qu'il a depuis long-temps sa liberté complète à l'égard de la femme ; mais la femme ne pourra être classée que lorsqu'elle-même se sera révélée.

Voilà notre position nouvelle à l'égard des femmes, et il faut qu'elles sentent bien que ce passage d'une hiérarchie imparfaite et incomplète à l'état d'égalité, ne fait qu'établir leur utilité, leur importance dans l'œuvre de la doctrine, plus réellement que jamais elle n'a pu l'être. Cet état d'*égalité confuse* présentera de grands inconvéniens sans doute ; mais il aura un avantage immense sur la *hiérarchie fautive* que nous avons pu poser jusqu'à présent, puisque la femme ne s'étant pas encore révélée libre, tout classement de femme a été fait par la loi d'homme et mal fait.

Voilà le fait capital qui va constater le changement de la hiérarchie actuelle. Les femmes n'apparaîtront plus sur l'estrade, à la prédication. Les femmes ne feront plus, extérieurement à la doctrine, partie de la famille Saint-Simonienne; elles seront, extérieurement, toutes à l'état d'appel, comme toutes les femmes du monde qui nous entoure.

(*Montrant le fauteuil vide qui est à côté de lui.*)

Voici le symbole de cet appel; ce sera le seul qui manifestera l'appel de la femme aux yeux de tous. La femme manque à la doctrine, elle ne s'y est pas révélée, elle est encore à l'état d'esclavage, elle va entrer à l'état d'*égalité confuse*; elle doit en sortir, nous l'attendons; il faut qu'elle parle; elle parlera, puisqu'elle est appelée.

Quant à la hiérarchie des hommes, comme des fonctions nouvelles vont être conçues, comme d'anciennes fonctions vont être modifiées, comme l'œuvre que nous commençons est toute différente de celle qui vient de finir, nous aurons également à changer, dans le sein de la hiérarchie mâle, les grades et les fonctions, et voilà pourquoi je vous disais qu'en présence de cette élaboration intérieure, indispensable pour nous produire à l'extérieur avec toute la force que la foi peut nous donner à tous, j'avais besoin de suspendre, pour quelques jours, les enseignemens commencés ici, et de préparer, dans les personnes qui m'approchent le plus, la parole qui se répand sur vous, en vous réunissant par groupes moins nombreux, de manière à pouvoir vous donner un enseignement collectif et individuel plus suivi, plus détaillé que celui que moi-même je pourrais vous faire.

Vous sentez qu'en changeant ainsi les formes de l'enseignement, j'ai besoin plus que jamais d'être bien convaincu qu'à la parole que je viens de prononcer tout à l'heure vous avez vraiment répondu de cœur, et que vous avez foi dans la direction que j'imprime dès ce moment à la doctrine. Il faut que vous compreniez bien que, si je m'y prenais autrement pour vous faire parvenir la lumière que vous devez recevoir, je perdrais moi-même à vos yeux un des titres qui font que je suis votre chef, car ce serait sacrifier ma vie, quand j'ai plus à faire et mieux que de passer mon temps à vous *enseigner* moi-même. J'ai à élever, auprès de moi, des hommes qui vous enseignent tous, et qui vous donnent, à votre tour, puissance d'enseigner tout le monde.

Je vous ai dit que la hiérarchie allait être complétement modifiée, et déjà au sommet vous voyez une forme toute nouvelle. Une face de l'autorité reste dans l'ombre, une autre apparaît. OLINDE RODRIGUES votre père rentre activement dans la doctrine ; il prend en main les intérêts financiers, matériels, l'organisation de l'association religieuse des travailleurs. RODRIGUES est prêt à nous faire tous marcher dans une voie que la doctrine ne connaît pas encore, dans une voie de crédit, de confiance, d'exactitude, d'économie, d'ordre, de prévoyance. Jusqu'ici nous avons été, dans tous nos actes, tellement pressés par le mouvement apostolique, et si peu préoccupés de préparer le terrain sur lequel nous marchions, que nous nous sommes souvent trouvés en présence du monde dans un embarras très-grand, et dans l'impossibilité de réaliser des promesses qui nous touchaient fortement au cœur. Nous ne pouvons dès aujourd'hui rien *promettre* que nous ne *tenions* ; la forme nouvelle qui se montre au sommet de la hiérarchie se réfléchira aussi et s'étendra sur toute la famille ; c'est sur les deux hommes qui sont devant vous que se réglera et se figurera, en quelque sorte, la forme générale de toute notre activité. Enfin, nous aurons à tâche spécialement de constituer tout ce qui concerne la pratique, le culte, l'industrie, et en même temps de préparer l'organisation morale nouvelle.

PÈRE RODRIGUES : Au nom du DIEU VIVANT qui m'a été révélé par SAINT-SIMON, votre maître à tous, le mien en particulier, mon premier acte de foi ici doit être de vous proclamer, vous, Enfantin, l'homme le plus moral de mon temps, le vrai successeur de Saint-Simon, le chef suprême de la religion Saint-Simonienne.

(*Bravos et applaudissemens prolongés.*)

Et moi maintenant j'arrive, quittant toutes mes affaires du vieux monde, quand j'ai eu conquis à ma foi, tout autant qu'il pouvait l'être, l'amour de mon père, et celui de ma mère, et celui de mes sœurs, et celui de celle qui est la moitié de ma vie, de ma femme qui m'a laissé quitter *la Bourse*, quand elle a vu que le temps était venu. Et maintenant après que j'ai proclamé la hiérarchie nouvelle, je fais appel à tous, pour réaliser l'association religieuse des travailleurs Saint-Simoniens. Saint-Simoniens, entendez-le bien, je viens pour installer la puissance morale de l'argent, je viens faire appel à tous ceux qui ont un cœur, à tous ceux qui ont une bourse, à tous ceux qui ont une intelligence Saint-Simonienne, et je leur dis : Apportez-moi les moyens de nourrir la famille Saint-Simonienne, dont la vie entière doit être comptée pour le bonheur du monde. Je recevrai tout, et je rendrai compte de tout, et je me placerai en face du monde, en face des banquiers, des hommes puissans par l'argent ; en face de ceux qui veulent chanter le peuple, et qui ont puissance de faire donner de l'argent pour le peuple, en face des femmes qni ont de l'argent ou qui ont puissance de faire donner de l'argent pour le peuple, et je leur dirai que, me soumettant à la loi suprême de notre PÈRE SUPRÊME, je suis ici, moi, le père de l'industrie, le chef du culte Saint-Simonien. M'avez-vous entendu?

(*Acclamations.*) Oui ! oui !

PÈRE RODRIGUÈS : Me suivrez-vous?

Tous. Oui! oui!

NOTE (1)

SUR

LE MARIAGE ET LE DIVORCE,

LUE AU COLLÉGE LE 17 OCTOBRE 1831,

PAR LE PÈRE RODRIGUES.

LE MARIAGE.

Toute œuvre *sociale*, dans l'avenir, est l'œuvre d'un couple, homme et femme, complément l'un de l'autre, recherché, accepté *librement*, dont l'*union* préparée par l'éducation, a reçu la sanctification de l'autorité religieuse, *homme* et *femme*.

L'homme et la femme *seront mariés*, alors qu'ils seront tous deux arrivés à aimer, désirer l'un par l'autre, l'un et l'autre, l'accomplissement d'un œuvre commune, manifestation d'une commune destinée. A cette condition, l'union

(1) Notre PÈRE SUPRÊME, en posant les bases des relations de l'homme et de la femme dans l'avenir, a déclaré que la loi de *convenance*, de *tact* et de *pudeur* ne serait formulée que par l'homme et la femme, qui détermineraient ensemble les limites *légitimes* de ces relations ; le P. Olinde a exprimé dans le collége son sentiment personnel sur la morale de l'avenir. Cette note est placée ici, d'une part, afin de constater l'impuissance où sont tous les hommes pour régler définitivement les rapports de l'homme et de la femme, puisqu'elle diffère, dans ses *formes* et dans les *limites* qu'elle pose, des idées de notre P. SUPRÊME ; de l'autre, pour présenter à tous, par ce désaccord même entre notre P. SUPRÊME et le *P. Rodrigues*, la garantie que nulle *idée* nouvelle sur les relations de l'homme et de la femme ne donnerait lieu à une *pratique* légitime, tant que la femme n'aura pas parlé.

sera sanctifiée, elle aura toute sa force, toute son *abnégation*, tout son *égoïsme*. Elle sera RELIGIEUSE.

Je crois fermement que *tous* doivent, au moment où ils vont compléter leur vie par le mariage, après y avoir été amenés par le développement du système d'éducation, espérer, desirer, que ce mariage ne soit pas dissout, dans quelque catégorie qu'ils puissent être rangés à cet égard.

Nul ne sera en état normal pour être marié, qui désirerait ou accepterait le mariage, en voyant devant lui le divorce.

Mais, d'un autre côté, j'admets fermement qu'il existe, suivant la qualification des individus, des différences plus ou moins grandes, dans la *probabilité* d'une durée quelconque pour le maintien de l'état normal de mariage.

Et j'entends que le mariage est à l'état normal stable, tant que les deux époux, à travers toutes les petites variations d'humeur, de goût et de puissance, inévitables dans l'union la mieux assortie, sont ramenés sans cesse à aimer, à concevoir, à pratiquer *ensemble*, l'œuvre sociale qu'ils ont reçu mission d'accomplir, à se *sentir* complément l'un de l'autre.

LE DIVORCE.

Mais du jour ou l'autorité religieuse, homme et femme, renonce, après maintes épreuves, à considérer comme possible le maintien de l'état normal de mariage entre les deux époux; du jour où les chances d'un pénible déchirement deviennent prédominantes, il y a lieu, dans l'intérêt personnel des deux époux, aussi bien que dans l'intérêt social, à préparer, à prononcer le *divorce*, c'est-à-dire le passage *d'un lien* à un *autre lien*. Il en est de même du mariage dissout par la mort d'un des conjoints, tant que les individus divorcés ou en état de viduité peuvent réclamer, et pour eux et pour la société, une œuvre sociale à accomplir; tant que l'heure de la retraite n'a pas sonné pour eux, il y a lieu à un nouveau mariage, et c'est à le préparer que doivent concourir tous les efforts de l'autorité religieuse, suivant les aptitudes morales, intellectuelles et physiques des individus qui le réclament.

Je crois donc fermement qu'un individu ne peut être à *la fois* l'époux que d'une seule femme, et qu'il ne peut l'être de plusieurs que *successivement*.

QUELQUES CONSÉQUENCES DU DIVORCE.

Les causes du divorce peuvent être telles, suivant les individus, que, pour les uns il soit une peuve d'élévation, et pour d'autres, le signe d'un abaissement. Dans certains cas sociaux, selon certaines fonctions, et indubitablement pour la fonction suprême, il équivaut à une *abdication*, car le divorce, pour les deux chefs suprêmes, homme et femme, ne pourrait être un moyen d'*élévation* pour aucun d'eux, et ne saurait recevoir sa sanction que d'un autre couple à eux supérieur, qui deviendrait, par le fait, investi du suprême pouvoir.

CONSIDÉRATIONS SUR LA FAMILLE.

Le mariage n'est pas seulement l'association la plus complète d'un homme et d'une femme, ayant pour objet l'accomplissement d'une œuvre sacerdotale, scientifique ou industrielle :

Le mariage est encore le *lien sacré* des générations, et ici de nouvelles considérations se présentent.

Saint-Simon a promulgué le règne de Dieu sur la terre. L'homme, par lui, est désormais appelé à *connaître* et à *pratiquer* selon son AMOUR.

L'AMOUR doit unir le *vrai* et l'*utile*, l'*idéal* et le *réel*; il n'y a plus, il ne doit plus y avoir de fictions constitutionnelles ni dans l'*état* ni dans la *famille*.

L'homme, à sa naissance, veut être entouré de ceux dont il est réellement le plus *aimé*, pour *apprendre*, par leur exemple, *pratiquer* la vie.

La *mère* veut toujours offrir aux caresses du *père* l'enfant que Dieu fit naître d'eux, pour que par *eux commençât* la famille, famille toujours *progressive* qui entoure sans cesse l'enfant grandissant du *patronage* le plus *intelligent* et le plus *actif*, pour développer ses facultés.

La procréation doit donc être le fruit du plus grand amour; de l'amour le plus complet, de l'amour qui fait le mariage de deux êtres, *égaux* sans être *identiques*, égaux parce qu'ils sont complémens l'un pour l'autre.

MORALITÉ DES RELATIONS SAINT-SIMONIENNES.

Ainsi donc, dans l'avenir. l'autorité religieuse, le prêtre et la prêtresse, mariés eux-mêmes, président aux mariages et aux divorces, veillent au maintien des *unions normales*, et sanctifient le divorce quand les circonstances énoncées ci-dessus viennent le réclamer. Par leur intervention religieuse, la loyauté règne dans toutes les affections; la fausseté, la dissimulation, comme la violence et la ruse disparaissent dans la *famille* comme dans la *cité*, et avec elles l'*adultère*, c'est-à-dire, le divorce caché, outrageant, irréligieux, protestation violente du passé, contre une loi incomplète du mariage; et la *séduction*, c'est-à-dire jusqu'à la tentative d'adultère à l'égard d'une des deux parties d'un couple, ou la tentative, auprès d'un être faible et sans défense, d'obtenir l'amour sans le donner soi-même.

Enfin, grâce à ces mariages vraiment saints, la famille ne commence plus, avec certitude, *seulement* à la *mère*, qu'une loi barbare et immorale ne pouvait récuser. Elle commence à la mère *et au père*, et la législation voit disparaître cet axiome romain, honteux témoignage de l'impuissance de la loi morale, *Pater is est quem nuptiæ demonstrant :* parce que les mariages, par l'éducation et par le divorce, peuvent désormais placer constamment l'homme et la femme dans la situation de sympathie réciproque, la plus favorable à leur mutuel développement, à l'accomplissement de tous leurs devoirs sociaux.

DES RELATIONS DU PRÊTRE ET DE LA PRÊTRESSE AVEC LES INDIVIDUS MARIÉS OU NON MARIÉS.

Relations générales des hommes et des femmes.

L'épouse est la femme que l'époux aime le plus complétement, le plus *intimement*. C'est la moitié de sa vie.

L'époux est l'homme que l'épouse aime le plus complétement, le plus *intimement*. C'est la moitié de sa vie.

Mais la vie est à la fois individuelle et sociale, c'est-à-dire que l'époux ressent aussi de l'affection pour d'autres femmes que la sienne, l'épouse de l'affection pour d'autres hommes que celui qui est son époux. Un intervalle relativement immense sépare toutefois l'affection mutuelle des époux de celle qu'ils peuvent éprouver, à titre de supériorité, d'égalité ou d'infériorité, pour celui-là même ou celle-là qu'après son époux la femme aime le *plus*, qu'après son épouse l'homme aime le *plus*; parce qu'avec l'épouse *seule* l'époux est vraiment *lié*, parce qu'avec l'épouse *seule* l'époux forme une *unité* dans la famille universelle, parce qu'avec l'épouse *seule* l'époux constitue un des *liens* qui unissent les générations humaines.

L'expression *spirituelle* et *charnelle*, de l'affection qui unit l'époux à toutes les femmes autres que la sienne, l'épouse à tout autre que son époux, doit donc avoir une manifestation et des *limites* d'une nature différente de celles qui caractérisent l'union la plus *intime* de deux êtres, l'union conjugale, et différentes aussi selon l'état des individus par rapport au mariage.

Quelles seront ces manifestations, ces limites ?

Au premier couple, placé au sommet de la hiérarchie St-Simonienne, il sera donné de jeter une vive lumière sur ces problèmes de la vie intime, que la préoccupation d'une éducation critique ou chrétienne empêche des hommes et des femmes, aujourd'hui placés à des points de vue insuffisans, d'envisager avec le *calme* indispensable. La première *femme* qui s'assoiera au trône pontifical pourra seule révéler et proposer à l'élaboration méditative de l'homme la loi des *convenances* au-delà desquelles commencerait l'*immoralité*.

J'affirme toutefois, en vertu des principes ci dessus posés, que cette loi devra satisfaire aux conditions suivantes :

A l'époux et à l'épouse appartient *exclusivement* ce saint état, l'*intimité* du cœur, de l'esprit et des sens, sphère mystérieuse, impénétrable, ou deux *spontanéités* se confondent, où la *vie* peut produire la *vie*.

L'œil et l'esprit de *tous* devront reconnaître à toutes les relations des deux époux avec les autres membres de la famille que cette *intimité* qui fait leur joie et leur vertu sociale est *intacte*.

Mais à l'égard de ces époux prêts à divorcer, dont l'harmonie n'existe plus, l'action du prêtre et de la prêtresse a pour objet spécial de rendre le plus douce possible la transition d'un nœud détruit à un autre plus moral, plus convenable à chacun des deux époux. Et là où il n'existe pas de lien à briser, on peut concevoir, de la part du supérieur, une influence assez grande pour diriger les divorcés par l'attrait de l'esprit ou des sens vers les nouveaux liens qu'ils cherchent à contracter.

La limite qui se présente est que le supérieur et l'inférieur ne soient jamais placés dans les circonstances morales où ils puissent oublier que l'*intimité* du mariage est l'attribut exclusif de l'*égalité*. Un tel oubli annullerait la hiérarchie et briserait l'égalité même du prêtre et de la prêtresse, chargés de la direction des fidèles.

Des considérations du même genre s'offrent à l'esprit pour tous les individus qui souffrent en cherchant l'être qui doit compléter leur vie.

Mais, je le répète, en-deçà de ces limites, j'attends avec confiance la révélation de la première femme qui sera à la tête de la doctrine ; c'est à la femme *affranchie*, LIBRE ET PRÊTE POUR L'AVENIR, qu'il appartient de révéler la loi des convenances, LE CODE DE LA PUDEUR.

Imprimerie d'ÉVERAT, rue du Cadran, n° 16.

www.ingramcontent.com/pod-product-compliance
Ingram Content Group UK Ltd.
Pitfield, Milton Keynes, MK11 3LW, UK
UKHW031949260826
14628UKWH00004B/1952

9 782014 107784